U0743830

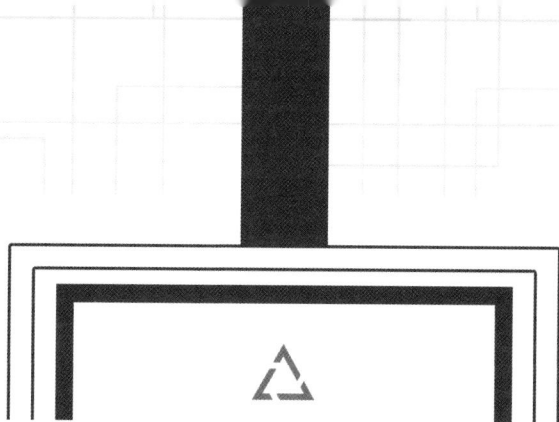

国家义务研究

以公民基本权利演变为分析视角

赵晶 著

天津出版传媒集团

天津人民出版社

图书在版编目（ＣＩＰ）数据

国家义务研究：以公民基本权利演变为分析视角 /
赵晶著. -- 天津：天津人民出版社，2017.4

ISBN 978-7-201-11703-4

Ⅰ.①国… Ⅱ.①赵… Ⅲ.①公民—权利与义务—研究—中国 Ⅳ.①D621.5

中国版本图书馆 CIP 数据核字（2017）第 093341 号

国家义务研究：以公民基本权利演变为分析视角
GUOJIA YIWU YANJIU

出　　版	天津人民出版社
出 版 人	黄　沛
地　　址	天津市和平区西康路35号康岳大厦
邮政编码	300051
邮购电话	（022）23332469
网　　址	http://www.tjrmcbs.com
电子信箱	tjrmcbs@126.com
责任编辑	郑　玥
美术编辑	卢炀炀
印　　刷	高教社（天津）印务有限公司
经　　销	新华书店
开　　本	710×1000毫米 1/16
印　　张	10.25
插　　页	2
字　　数	200千字
版次印次	2017年4月第1版　2017年4月第1次印刷
定　　价	49.00元

版权所有　侵权必究
图书如出现印装质量问题，请致电联系调换（022-23332469）

目　录

第一章　绪　论

一、选题介绍

国家的目的是什么？国家的合法权限在哪里？国家该对生活于其中的公民承担何种责任、履行何种义务？这些问题是政治学中最为重要的问题。然而无论是在哲学上对公民权利与国家属性进行的规范思考，还是在人类的政治实践中对国家该如何保障公民权利进行的种种探索，始终存在争议。本书坚持认为国家存在的目的是为保障个人的自由，实现公民的基本权利需要，我们关心国家对于公民的价值，就应当关注国家义务，国家义务为国家目的实现的有效途径，与公民权利互为条件。本书对国家义务的研究主要指的是在一国内部国家所承担的保护公民基本权利的义务，是与国家公权力相对应的概念。

（一）国家义务问题的提出

1. 国家的主权属性

本书将国家义务作为研究主题，首先需要解决的问题是我们如何理解国家，也即国家是什么这个问题。"国家"一词既可以指称一种人类共同体的持久形式，也可以指一种特定的近代现象，两种说法并不矛盾。将国家等同于政治实体或政治共同体，其不同形式存在于整个人类的历史长河之中。国家作为一种普遍的历史现象，无论是古希腊的城邦、中世纪的王国还是近代的共和国都存在一定的共性，它要求共同体与领土之间有一种固定的联系，它形成了人类与其占有物之间的固定关系——创建了社会统一体，它预设了人们之间命令与服从的关系，并使自身与其它不属于这一共同体的行为区别开。

国家涉及的任务不仅是要在无政府状态下建立秩序，而且还要建立一个合法的、有权威的政治秩序，作为这样一种有目的的行为，它必然要提出自身追求目标的正当性和使用手段的合法性问题。在古代社会，有关国家正当性的解答可以分为两类，一类是自然主义的政治理论，以亚里士多德的目的论为代表，其核心观点是政治制度不是人为设计的产物，而是自然生长出来的，所以它的各项安排都是自然正确的；另一类是有关国家正当性的理解建立在超自然主义的基础上，超自然主义将国家的正当性建立在"上帝的意志"或"天意"上，其代表性理论是君权神授论。因此，在古代政治中称一个政权是正当的，仅指主张者能够诉诸于某些超验或高于本人权威的资源，比如习俗、自然、神圣法、上帝等。

启蒙运动前后的欧洲大陆，旧有的政治权威正在失势，新的政治秩序尚未建立，为什么需要国家或国家存在的正当性基础是什么，依然要求人们给出回答，而此时的答案却与此前大不相同，人们不再认为某个特定的人拥有天生的或自然命定的权威去统治他人，人人生而平等、自由的观念开始深入人心，所有的权威都要受到质疑，国家的正当性问题成为政治哲学的核心问题。也正是在人们对国家正当性问题，即为什么需要国家这个问题的思考上，作为政治概念的"国家"——"State"一词才逐渐得到使用，并愈发具有了清晰、精确的内涵，也正是在这个意义上，我们说"国家"一词可以特指一种近代现象。

（1）近代早期的主权学说

近代国家的观念和实践是从与中世纪议会有关的冲突中逐渐形成的。近代国家的正式形成时间，有人认为始于17世纪由黎塞留大主教和此后路易十四（朕即国家）掌权的法国；有人认为始于由1789年革命彻底消除世袭和封建遗产后的法国；或始于1806年神圣罗马帝国的终结等，这些经验有效地推动了近代抽象的、非人格国家观念的形成。到了19世纪，人们已经对国家的基本特征达成了一致意见：国家具有独特的领土性质；国家的主权具有最高的、终极的、普遍有效的权力；国家享有联络其成员的独特权力；国家能支配的物质力量具有特别和日益扩充的资源；国家所具有的与其它行为体不同的目的。①在这些特征中最为重要的一项就是国家所具有的主权属性，主权将所有社会成员、所有家庭和所有社团连接在一起，没有主权的国家就不是国家。对这一观念做出重大贡献的首推马基雅维利与让·布丹二人。

马基雅维利将国家视为是追求具有特殊道德即"国家理由"的自治的、世俗的王国，是具有自己的道德和活动方式的自主联合体。所谓"国家理由"即指维护公共秩序优先于维护普遍道德法律规则的原则，这一原则被当作近代主权理论的一部分而被广泛采用。让·布丹则强调国家的主权属性，所谓主权是一种包含制定、适用和保证法律的至高无上而又不可分割的绝对权力，是国家绝对和永久的权力，公民身份的界定、国家政体的分类以及国家的特性都以主权为基础，主权是国家不可或缺的关键因素。布丹的主权学说成为现代主权学说的基础，布丹第一个系统地研究了国家所具有的这种最高权力的本质属性。

在布丹系统论述了国家主权的性质之后，约翰内斯·阿尔色修斯、胡果·格老秀斯、霍布斯、普芬道夫、洛克和卢梭都站在不同的角度对主权的性质及主权的归属问题进行了论证。

布丹强调主权是不受限制的，是永恒的，但世上的主权者并不是可以不负任何法律责任的，主权者要服从神法、自然法和国家法的限制，只是这些限制是道德性而非政治性的。布丹强烈地偏向君主政体，其理论为17世纪和18世纪的专制主义提供了理论基础。阿尔色修斯作为"反君主主义者"中最有才华的代表，为人民原始和不可转让的主权进行了申辩，作为国家最高权力的主权不仅在原初的意义上属于人民，而且将永远属于人民，政府权力必定是派生的权力。随后的格老秀斯在专制主义学说和反君主专制的民主学说之间进行了巧妙的妥协，区分了权力自身和权力的占有者。

与最初的人民主权学说及人民保留抵抗权相对立的是霍布斯，在英国君主与人民的冲突中霍布斯站在君主一方主张主权的绝对性、统一性和不

---

① [英]戴维·米勒主编：《布莱克维尔政治学百科全书》，邓正来等译，中国政法大学出版社，2002年，第791页。

可让渡性,其观点因为缺乏支持对现实未产生重要影响,其理论却对后来政治学的发展产生了决定性影响。普芬道夫在格老秀斯及霍布斯的影响下论述其主权学说,区分了主权权力和绝对权力,指明主权具有至高性,但并不是绝对的,主权权力即使受到明确的限制也仍然是主权,调和了德国的开明专制和个体自由精神。

洛克的学说在英美革命中都有所体现,是英语国家中流行的主权学说。洛克并没有进一步凝炼主权的性质,议会也就是立法机关拥有最高的统治权,但这一权力是受到限制的非独断的权力,立法机关是被赋予了特定权力的"信托"组织,真正的主权者是政治社会,或称为区别于政府主权的政治主权,在政府存续的时期,立法机关是最高的政府机关,政治社会是潜在的主权者,除了主权并非不受限制这一主题外,洛克对主权学说并未推导出更多的东西。

在法国大革命中,卢梭将人民主权学说推到了顶峰,卢梭将公意视作主权的精神和灵魂,是国家中的主权者。卢梭设想的主权是绝对的、不会为非的、不可转让和不可分割的。霍布斯将政治国家的人格纳入到主权者也就是政府手中,而卢梭则将国家的主权交给作为"集合体"的人民,政府没有被授予任何权力。

总之,在近代国家观念的形成阶段,作为国家基本属性的主权学说具有一些共同的特征:这一时期主权学说具有个人主义——契约论的趋势,不论如何订立契约,最终人民的同意成为最高权力的基础,人们都从个体的角度解释国家主权;无论是霍布斯的君主主权,还是卢梭的人民主权,这一时期的主权学说都趋向绝对主义;这一时期缺少有关国家统一性的概念,在同一国家中人民和政府都不能单独构成国家,国家或者被纳入政府——"朕即国家",或者被纳入人民——政府消失在国家中。这一时期,个人主义发展的结果是将不可分割、不可让渡的主权通过虚构的契约赋予了虚构的人格机关。①

(2)卢梭以后的主权学说

卢梭的学说作为法国大革命的指导思想,在法国大革命中突出地强调

---

① [美]梅里亚姆:《卢梭以来的主权学说史》,毕洪海译,法律出版社,2006年,第25页。

了国家是虚构的意识,人们拥有废除政治制度的权利和权力。革命学说本质上是个人主义的,解释政治国家的出发点是个体的独立意志,"人民"是绝对的、不可让渡的主权的合法拥有者。然而法国大革命的疾风骤雨摧毁了人们对这一认识的看法。随后对主权学说的讨论首先表现在对法国大革命学说的反动上。其中历史学派主张国家不是个人契约的产物,而是传统、习俗和历史发展的产物,其最重要的支持者就是埃德蒙·柏克;康德虽然在形式上接受契约理论,却明确区分了理想契约与现实契约以及国家形式和政府形式,认为国家真正的基础不是个人意志,而是理性和道德的必然性;以黑格尔为代表的另一批思想家则认为国家不是理性的必然要求,而是自然的必然要求,不是个体意志而是绝对意志的实现,国家是由作为"世界进程"之一部分的"世界理性"规定的;宗教学派则称人类力量不足以产生合法的政治制度,国家是神命的产物,而非契约的产物。这一时期有关国家主权的理论都集中于国家不纯是人类意志的产物,都同意国家是强加于人类意志的某种东西。

除了在理论上反思法国大革命中的主权学说外,当时欧洲各主要国家也致力于自身问题,阐释自己的主权国家理论。在法国出现了一种折中主义的学说,以库辛、基佐和贡斯当为代表,将理性和正义作为主权者,用理性取代了意志成为权力的基础;与此同时,德国人开始将人民主权转向国家主权,国家作为法律权利和义务承受者的法律人格观念开始产生,主权最终被赋予了具有有机人格属性的国家;在英国人们将重点放在法律主权和政治主权的区分上,英国议会具有的全能法律地位使人们将主权认定为属于某个特定的组织,法律上的主权者拥有最终的决定权,政治上的主权者则成为共同体中的意志得到最终服从的那个组织;在美国则产生了联邦和地方分割最高权力的观念,单个州赞成主权的不可分割性,而联邦的支持者则认为有机体意义上的国家才是完整的主权的真正承受者,主权学说在美国的发展导致人们在国家和政府之间进行区分,国家拥有原始主权,政府拥有派生权力。

关于主权的定义,人们在不同的时空、不同的理论视野下有不同的理解,但主权与国家间的关系却不容质疑,主权是现代国家所具有的最根本的属性。对内,主权体现为国家与其领土范围内的个体与团体之间的关系,是实现社会控制的权力,是国家实现目标的手段,是政治社会的最关键因素,这种主权被认定为是居于特定领土范围内的国家的最高权力。对外,主权被看作是一国与他国之间的关系,意味着该政治社会独立于所有其它政治社会的独立性和自足性,是在国际上对国家的确认。无论对内还是对外,离开了主权,国家也不能再称之为国家。

2. 国家义务问题的提出

国家是一种想象,还是真实的存在? 我们每个人每天都在国家中经历着一些事情,所以说国家是一种想象很难符合我们的日常认知。但如果说国家是一种真实的存在,我们又很难在现实生活中找到某人或某物等同于真正的国家。国家不能简单地等同于政府,政府总是许多个体的集合体,其中任何人以个人身份都不能承担起国家的财政责任和道德责任,他们只能以某种身份代表着国家;国家也不能够等同于人民,人民只是更多人数的个体集合体,任何人在任何时候都不能成为国家;同样,国家也不能等同于主权,主权本身并不能拥有主权,只有主权国家才能拥有主权。因此,国家既是一种虚构的想象,也是一个真实的存在。①

正如前文所述,主权不能等同于国家,但主权却是国家最根本的属性。人们无论对国家作何种隐喻,其最终目的都是为了证明国家存在的必要性、国家权力的合法性以及人民的服从义务。在对国家这一近代现象的论述中,人们都不得不承认国家存在的必要性,也承认国家与最高权力也就是主权之间的关系,但是在主权的来源问题、承担主权的人或机构以及主权是否应该受到限制这个问题上,人们分歧严重。在主权的来源问题上,人们或者认为主权来自于上帝等超验的存在;或者认为主权是人们订立契约的结果,是个人主义的产物。在主权的归属问题上,人们或者认为主权属于上帝在人间的代表——君主;或者认为主权属于人民的集合体,也就是人民主权;或者如国家有机体理论所主张的,主权属于具有人格属性能承担权利和义务的

---

① [英]昆廷·斯金纳、[瑞典]斯特拉思主编:《国家与公民:历史、理论、展望》,彭利平译,华东师范大学出版社,2005年,第34~35页。

"国家"。在国家主权是否应该受到限制这个问题上，在近代早期的国家理论中，在与教会和神权的斗争中，人们为了论证国家的权力，往往将国家主权论证为不受限制的绝对权力，如霍布斯将绝对的权力授予国家的主权者——君主，卢梭将这一权力归于人民，提倡主权在民。在启蒙时期的革命学说后，经历了法国大革命的洗礼，人们重新思考主权的限制问题，思想家们不约而同地开始设想如何来约束这一不受限制的权力，或者重新提倡世袭国家说，或者将理性、正义和权利作为主权的依据，以此限制主权。

在整个主权学说的发展过程中，在主权的来源或归属上，主权学说体现了远离君主主权的坚定趋势，人们或将主权归于高度抽象的国家，或将民族和人民看作主权者，君主主权只是形式上和名义上的最高国家代表。此外，就主权的性质而言，都承认主权的不可分割性。

在有关主权的不可分割性问题上，争论主要体现在以美国为代表的联邦制国家中。美国联邦与州之间的主权归属问题的提出一度使主权问题的讨论陷入僵局，支持联邦的国家主义者和支持各州主权的拥护者进行了持续的论战，最后以内战的方式来争夺主权的归属。最终主权被赋予了由几百万人口构成的集合体，真正的主权者是各州所有组织起来的人民。狭义的主权属于政府，广义的主权属于人民，是不可分割的最终主权，"人民"不再是虚构的集合体，而成为具有有机性的真实的国家。

对国家主权不可分割性的另一重大障碍来自人们不能很好地区分国家与政府。政府并不就是国家的最高组织，在政府之后还有宪法，在宪法之后还有制定宪法的原初性国家。主权属于国家，而政府的权力可以在政府之间进行分割。[①]因此，就政府权力进行分权的学说，无论以何种形式进行分权都已经得到了人们的认可，其最主要的代表性学说莫过于立法、司法、行政三权分立学说。但无论如何将政府权力进行分立，并不等于创设了新的权力，所有各类权力都包含在国家这一统一体中。实际上权力可能有多个，但在观念上它们都是同一的，最高权力在本质上是统一的。

在关于对主权的限制问题上，国家权力被认为以这种或那种形式受到

---

① ［美］梅里亚姆：《卢梭以来的主权学说史》，毕洪海译，法律出版社，2006年，第149~150页。

限制,主权是统一的、不可分割的、不需要承担责任的,但主权并非是不受任何限制的。即使如霍布斯等绝对主义者,也都承认主权必须受到某种限制。无论是将国家看作工具,还是将国家看作有机体,抑或将国家看作神圣存在,国家的权力都是受到限制的,只是人们用以限制的目的及方式不同。对国家主权的限制或者来自立约的目的——人民的权利;或者来自绝对理性;或者来自国家本身的理性等。人们所提出的最常见的观点是对国家主权的限制源自国家的本质属性,国家的主权来自这样的事实:即国家必须履行一定的职责,而为了实现该职责就需要最高的权力;无论如何主权不能超越这一限制,一旦超越这一限制必然会违反"自然"或理性的限制。所以国家可以在康德的法治国家意义上被限于是维系人们之间的法律;也可以被认为是为了道德品质或更高人性发育而存在的一项制度。总之,对主权限制的目的是根据国家存在的目的进行确定的,随着人们对国家赋予的使命的变化,对主权的限制也会相应地膨胀或缩减。

在对国家的主权性质进行的探讨中,在君主主权、人民主权以及国家主权的争论中,主权的统一性问题一直得以延续,成为主权的核心特征。而本书也正是在主权具有的统一及不可分割性的基础上,对国家与政府进行了区分,作为国家的整体权力——主权是不可分割的,而作为有着具体实体形式的政府,其权力却是可以进行分割的,正如我们常见的将政府权力分为立法权、司法权和行政权。国家作为一般的主权存在,而政府只是特殊的主权承载者,或者按照本书的界定,政府是具体履行国家义务的一系列机构。

启蒙时期,在与教会的斗争中,与教会对立的世俗国家逐渐处于优势地位,此时的思想家都站在个人主义的立场为国家权力进行辩护,以霍布斯为重要开端,到卢梭的人民主权学说,将主权理论推向顶峰。在法国大革命的疾风暴雨之后,人们开始反思这种不受限制的主权问题,对主权的限制成为此后学者对国家权力研究的重点。人们或以神权限制主权,或以理性限制主权,或以权力限制权力,总之,对主权的限制取决于人们对国家的想象,国家存在的目的决定了人们对国家权力进行限制的程度。

本书以公民权利为视角,将国家权力存在的目的限定在实现公民权利上,国家保护公民的权利成为国家得以存在的目的,是国家必须履行的义务,国家的义务成为限制国家权力的依据,或者说国家的权力源自国家的义务。本书的写作以此为基础,梳理人们的权利观念如何影响了人们对国家的想象,公民权利内涵的变化如何影响着国家义务的内涵。以个人权利与国家义务关系的视角切入国家理论,希望以此厘清由于各种国家理论所造成的复杂混乱状况。

(二)选题意义与实现目标

《联邦党人文集》指出,政府的权力必须足够强大,而人民的权利必须获得最坚固的保障,实际生活中兼顾两种价值非常困难,保障权利与限制权力成为现代宪政思想两个最基本的支点。义务与权利是相对应的宪法学基本范畴,公民权利的实现离不开国家义务的履行,国家作为最高权力的拥有者,其权力的行使必然伴有相应的义务。与在宪法学和政治学理论研究中公民权利和国家权力的广泛使用并受到重视相比,对国家义务的阐释和研究远未引起学界的关注,深入地阐释国家义务问题既有重大的理论意义又有重大的现实意义。

首先,对国家义务的研究关系公民权利及人权的保障和实现。作为公民拥有的公民权利与作为人的基本权利的人权,既存在着不可分割的联系又存在着明显的不同,但两者作为一系列权利的集合,必然要求相应的主体承担义务。公民不是臣民,因为公民拥有权利,这种权利不仅仅是人与人之间的,而且也是与国家之间的关系。尽管像学者安纳贝尔·布雷特所指出的,将"权利"和"公民"相关联存在着极大的问题,权利的阐述独立于公民的实际秩序,是人类的道德要求,但17世纪的思想家们还是将公民与权利的观念集合起来,将公民的权利看作得到了国家的保障,并作为反对现存政体的批判武器,这种思想已经成为近代以来政治思想的中心。人们对公民权利赋予的内容不断演变,逐渐由消极的自由权向积极的社会权转变,使得公民得以对国家提出更多的要求。

尽管人们都希望免于外在的干涉而尽可能多地享有自由,但人类的政治现实就是"我们只能在国家中享有自由,而不可能寄希望于摆脱国家来享受自由"①。无论在道德上还是在实践中权利的保障和实现都离不开国家义务的履行。

其次,国家义务的研究关系国家权力存在的目的及其行使。权力既是人类社会政治斗争的目标,也是人们实现各自政治目标的重要手段。如何认识国家权力,如何行使国家权力贯穿于整个政治思想史。从政治学的角度看,人类政治文明的演进史,其实质就是人类对政治权力的理解不断深化和政治权力配置不断优化的历史。权力固然是重要的,但用权力代表国家,将公民与国家的关系简化为权利—权力关系,则被强调国家义务的学者认为是不正确的。

霍布斯认为权力是获得明显利益的手段;马克斯·韦伯则把权力定义为强加于其他人行为之上的能力,即使遇到反对也能贯彻自己意志的任何可能性。权力在本质上是一种压迫性、扩张性的事物,存在着腐败和异化的可能。社会历史的发展使人们看到国家权力是一把双刃剑,国家权力的存在并不一定意味着公民的福利,也可能是对公民权利的严重侵犯和残酷统治。

我们关心国家对于公民的价值,就应当关心国家为公民做了什么,而权力和义务并不是同一个概念,所以国家对公民并不仅仅意味着权力。在法治社会,国家不等同于权力,国家有权力必有义务,国家是权力与义务的统一,而且国家义务对国家权力具有决定作用。国家义务决定了国家权力的目的、范围及国家权力的正当性,国家权力随着国家义务的变化而变化;以国家义务代表国家体现了人民主权的要求,改变了人们关于国家的惯性思维,符合国家由权力向义务推移的发展趋势,并且国家义务在确定国家权力的内容、范围、权力结构及权力行使方式上具有实用价值。②

国家义务对权利的保障作用和对权力的规范作用使得对国家义务的研究既具有深刻的理论价值,又具有重大的实践意义。此外,公民权利的实现程度关系公民对国家的支持、忍受和反抗,国家义务在公民权利需求的不断变动中得到充实和发展,不断地构筑着国家政权的合法性;一系列国际人权

---

① [德]威廉·冯·洪堡:《论国家的作用》,林荣远等译,中国社会科学出版社,1998年,第19页。
② 陈醇:《论国家的义务》,《理论法学》,2002年第8期。

法案的诞生，缔约国承诺的保障人权应尽的义务在现实政治生活中面对的困难也需对国家义务的研究不断深化和细化；全球化的进程使得人们对国家的作用、职能及公民与国家的传统关系提出挑战，在这样一种背景之下，国家又该承担起怎样一种义务，也是一个关系国家存在方式的重大问题。作为拥有世界上最多人口的国家，如何解决社会弱势群体的生存和发展问题，保障全体公民的法律权利、政治权利、社会权利及众多少数民族的文化权利是摆在中国政府面前最艰巨的任务。

本书试图以公民基本权利的发展演变为视角探讨国家义务的生成、演变及发展，希望以此廓清国家义务的本质、构成要素、发展机制、梗阻因素及未来的发展方向，为解答人类社会争议已久的公民与国家关系问题贡献自己的绵薄之力。

二、文献评估及研究现状

（一）文献评估

国家义务问题在西方政治思想史上主要表现为国家存在的目的与意义问题，有关国家存在的目的及意义问题贯穿整个政治思想史始终。如黑格尔认为国家是"伦理理念的现实"，是独立自存的、永恒的和必然的精神实在，国家高于社会和个人，是目的而非手段。洪堡则认为国家本身不是目的，国家存在的最高原则是"既防范外敌又防范内部冲突，维护安全"，"不要对公民正面的福利做任何关照"[1]，国家唯一的目的在于最大限度地保障安全、捍卫合法自由的确定性，在国家与公民的关系中，国家的存在可能会促进幸福，又会对公民自由造成威胁，所以国家是一种必要的痛苦。此外，许多无政府主义者主张有必要破除各种形式的权威、反对国家。总之，自近代以来人们对于国家的界定都强调国家所制定的制度对全社会具有普遍的约束力，国家垄断了合法使用暴力的权力，拥有主权。只是对国家是代表公益抑或某

---

① ［德］威廉·冯·洪堡：《论国家的作用》，林荣远等译，中国社会科学出版社，1998年，第54~60页。

个阶级的利益，是具有自己独立意志的存在，还是价值中立的工具存在异议。在思想史上将对国家的研究放在公民与国家的关系问题上进行考察，对国家理解的异议就表现在，在国家与公民关系上，个人是目的、国家是手段，还是国家是目的、个人是手段。就本书所要讨论的主题，公民权利与国家义务问题，西方政治思想史中的思想家对公民与国家关系问题的讨论，为我们进行写作提供了取之不尽、用之不竭的理论资源。

二战后的几十年中，学界面对新的问题、新的挑战对国家理论、公民与国家关系问题的研究不断深化，既为解决现实生活中急需解决的问题，又极大地丰富了人类的思想成果，与本书论题相关的研究主要包括如下四个方面：

1. 有关国家基本理论的研究

有关国家的理论一直是政治学中的核心问题，直到二战后，以美国为中心的西方政治学界出现了行为主义学派的政治学家，开始对将国家理论作为政治学基本内容的传统提出质疑，将政治学研究的重心从国家理论转到政治行为上，国家理论研究一度沉寂，直到20世纪70年代国家才再度成为政治学研究中的重要问题。近几十年有关国家本质的争论不断，形成了一些重要的国家理论流派，他们纷纷从不同的角度对国家的本质及存在意义和目的进行论证，并在论证的过程中不断相互影响，深化着人们对国家的认识。其中影响较深的有新马克思主义国家理论、多元主义国家理论、新保守主义国家理论、精英主义国家理论。多元主义国家理论强调个人自由和平等的政治价值，将国家看成是一个价值中立的仲裁者，负责调解社会团体之间的冲突，代表社会公共利益，保证社会利益的公正分配。代表人物主要有罗伯特·达尔（Robert Dahl）、查尔斯·林德布洛姆（Charles Lindblom）、阿尔博特·赫希曼（Albert Hirschman）、约翰·加尔布雷思（John Galbraith）。精英主义国家理论从实证的角度出发认为国家是一部消极的机器，是统治精英借以实现利益的工具。代表人物主要有盖塔诺·莫斯卡（Gaetano Mosca）、维尔夫雷多·帕累托（Vilfredo Pareto）、罗伯特·米歇尔斯（Robert Michels）、约瑟夫·熊彼特（Joseph Schumpeter）和赖特·米尔斯（Wright Mills）。新保守主义国家理论认为国家的首要目的就是保障个人自由，强调维护现存秩序，反对福利国家和政府大规模干预社会生活。主要代表人物有拉塞尔·基尔克（Russell Kirk）、彼得·维雷克(Deter Viereck)、冯·哈耶克(Friedrich August von Hayek)和詹姆士·布坎南(James Buchana)。

与上述几种理论流派不同,新马克思主义国家理论有自己的独特之处,新马克思主义是西方学者按照他们各自所理解的马克思主义对社会生活做出的新的解释,这也使得新马克思主义在对国家问题的理解上流派众多。其代表人物主要有葛兰西、卢卡奇、哈贝马斯(Habermas)、普朗查斯(N. Poulantzas)和克劳斯·奥菲(Claus Offe)等,以拉尔夫·米利班德(Ralph Miliband)为代表强调国家是阶级统治的工具;以阿尔都塞(Louis Althusser)为代表的结构—功能主义国家理论,强调国家在功能上的相对独立性。新马克思主义都在一定意义上强调了国家管理社会经济事务的职能。

20世纪70年代,受新马克思主义和韦伯传统的影响,一部分学者开始强调国家在政治生活中的重大作用,产生了"回归国家学派",认为国家是具有相对自主性的行动者,代表人物有西达·斯考切波(Theda Skocpol)、查尔斯·蒂利(Charles Tilly)和沃勒斯坦(Immanuel Wallestein)。斯考切波(Theda Skocpol)作为国家中心论的重要代表人物,在《重新回归国家》中强调不能简单地将国家看成利益竞争的舞台或支配阶级的工具,国家具有追求自己偏好和利益的性质,能够在一定程度上按照自己的方式贯彻自己的意志,国家具有自主性。贾恩弗朗哥·波齐(Poggi)在《近代国家的发展》(*The Development of the Modern State*)和《国家——本质、发展和前景》(*The State: Its Nature, Development and Prospects*)中分别论述了中世纪至19世纪及20世纪以来国家制度的发展进程和国家制度演变的新形式,梳理了关于国家的几种基本观念,分析了近代国家的道德基础强调以国家为中心的国家观。约翰·A.霍尔(John A. Hall)和G.约翰·艾坎伯雷(G.John Ikenberry)在*The State*中系统回顾了自由主义、马克思主义和现实主义对国家在历史上所起的作用的相关论述,通过历史性的考察探讨了有关国家能力的问题,在国家与社会的关系中反对国家中心论与社会中心论而强调两者的互动关系。

综上所述,二战以后近几十年中有关国家理论的争议主要集中在国家与社会到底谁是权力来源的问题上,思想家们在国家与社会这两端处于或偏左或偏右或居中的位置上,尽管人们对近代以来的国家主权产生质疑,但不管国家主权理论带来的变化有多大,其连续性并未被破坏,人们对国家作为一个普遍现象的争论乃是对人类存在的一个基本方面所作的相互补充的阐释,是对现代国家职能的有力分析。

2. 有关国家承担福利供给义务的研究

二战后,在有关国家职能与国家形态的理论与实践中,福利国家的实践与理论最为吸引人们的注意。对人类福利的关注是社会科学的终极目的所在,福利国家一经产生就引起了社会科学界的广泛关注。随着人们对社会正义和实质自由观念认识的深化,社会权利思想出现,国家开始承担提供社会福利的义务,国家以何种形式提供社会福利成为划分福利国家类型的依据。

从国家为其社会成员提供必要的生存保障这一角度来说,福利国家问题出现的时间可以追溯到 1601 年英国伊丽莎白女王时代所颁布的《济贫法》(历史上称为"旧济贫法")。在此前,也存在着各种各样的慈善救济,但《济贫法》的相关规定将国家对其国民的救济与纯慈善的行为区别了开来,承认了国家对公民负有有限的救助义务。英国20世纪40年代初出版的《贝弗里奇报告》为英国勾画了一幅福利国家的图像,其最后的实施意味着现代福利国家的诞生。社会福利作为公民的基本权利,福利国家主动承担了公民的生、老、病、死等基本责任。在西方各主要国家相继确立福利制度后,20世纪70年代后,福利国家在社会、政治、经济、文化领域开始遭遇严重的危机,福利供给的主体、福利供给模式等都发生了变化,人们开始经历"后福利国家时代"的种种变迁。

学界对福利国家的研究主要包括对福利国家合法性的研究。如霍布豪斯(L.T.Hobhouse)和T.H.马歇尔明确了公民享有获得国家帮助实现福利需要的社会权利资格,对西方福利国家实践作出了最好的政治学诠释。此外,英国福利经济学家庇古(A.C.Pigou)在研究如何增加社会福利以为福利国家提供相应保障时提出了收入转移理论,凯恩斯则提出了国家干预理论以为国家提供基本的福利保障给予了理论论证。罗尔斯"差别原则"的正义理论,英国著名的政治理论家雷蒙·普兰特(Raymond Plant)的平等主义等都对福利国家理论抱以支持态度;也有对福利国家的合法性持强烈否定态度的学者,如F.A.哈耶克、M.弗里德曼、R.诺齐克等。

此外，丹麦社会学家艾斯平·安德森著的《福利资本主义的三个世界》《转变中的福利国家》和理查德·蒂特马斯（Richard M. Titmuss）的《社会政策》等对福利国家模式的比较研究；米什拉（Ramesh Mishra）的《资本主义社会的福利国家》对福利发展阶段的研究；阿玛蒂亚·森的《以自由看待发展》对福利国家发展趋势的研究；安东尼·吉登斯的《第三条道路：社会民主主义的复兴》对福利国家应对危机的研究等，都对福利国家理论产生了重要影响，也为人们探寻国家如何保障公民社会权利，履行国家义务提供了重要的理论资源。

3. 有关控制国家权力与国家义务履行的宪政与公法研究

在有关国家的理论方面，既有像威廉·葛德文这样的无政府主义者将国家视作一切社会弊病的来源并号召消灭国家的观点，也有像黑格尔一样将国家视为超越个别公民之上作为一种道德存在的理想主义或形而上学的国家观念，还有介于无政府主义与理想主义之间将国家解释成作出集体性决策的实用工具的观念。尽管如此，现代文献中最常见的定义是将国家解释成拥有合法使用暴力的垄断性权威机构，而现代政治的复杂性在于现代国家不仅是"民主"的——存在着普遍的公民对公共政策形成的广泛参与，而且也是"立宪"的——用来保护全体公民的利益和自由的权力控制的制度化结构。宪政国家也成为现代国家的重要特征之一。

所谓宪政是法哲学与政治哲学中最为重要也最为基本的概念之一。尽管对于宪政的本质和实现宪政的方式人们没有达成统一的认识，但综观整个人类的思想史，人们基本将宪政理解为是对国家公权力的限制，主张国家的公权力是应受到限制的。权利与权力成为宪政思想中两个最基本的概念，人们以权利与权力的关系理解宪政的运行。本书有关国家义务的研究在一定意义上也属于当代宪政研究的一部分。

学界有关宪政研究的著作可谓卷帙浩繁。有些学者着重阐释宪政基本理论，如C.J.弗里德里希探寻立宪的生成背景，如其在《立宪的国家理性》（Constitutional Reason of State）与《超验正义》中梳理了西方近代以来有关国家理性的学说，勾勒出了一条近代国家观念的演变史，将宗教信仰、个人自由和道德良知看成近代立宪国家的正当性所在；如维尔在《宪政与分权》中以分权理论的学说史与分权理论的制度史为线索，厘清了源于古代社会权力分立理论如何演化出政府职能的思想并衍生出混合均衡政体理论的历史图景等；有些学者着重阐释英美立宪传统及立宪制度，如戴雪在《英宪精义》、詹宁斯在《法与宪法》中阐释构成现代英国宪法基础的根本理念，亨金在《宪政·民主·对外事务》中阐释美国宪政问题；斯科特·戈登在《控制国家——西方宪政的历史》中将宪政定义为通过政治权力的多元分配从而控制国家的强制力量的政治制度，探讨了宪政思想和实践的主要历史阶段，对宪政史进行了不同角度的梳理。

　　总之，学者们从各个方面、各种角度论证了与宪政有关的各种问题，想要将宪政研究成果穷尽实在非本书能力所及。本书仅就与国家义务有关问题来看，主要涉及的是宪政研究中的宪法功能及权利—权力关系问题。整个宪政研究中宪法功能的发展经历了一个由限权理论向控权理论的发展。近代宪法理论认为限制国家权力是宪法的功能，国家权力是对公民权利的最严重威胁，公民权利与国家权力成为对立的双方，限制国家权力是为保护公民权利，这种限权理论成为近代宪政理论的核心。进入现代社会后，现代宪政秩序建立的基础出现了变化，限权理论在理论上和现实上不能再有效维护宪政秩序和保护公民权利，宪法由近代限制政府权力发展到对一切可能破坏法律制度的权力进行控制。现代宪政研究中的控权理论认为，对政府权力的控制是通过限制、监督以及强调权力的义务性来实现其宪政秩序的。[1]新宪政论则认为控制权力不是目的，控制权力的目的是为有效利用国家权力，提高公民福利，完成国家义务。宪法功能从限权到控权到用权的转变表明了国家义务开始成为构建现代宪政秩序的重要方面。国家法律制度也开始从"权力本位"向"义务本位"转变。除了宪法功能的转变外，在有关公民与国家宪法关系的权利与权力问题上，权利本位也不能很好地解决国家与公民的关系，公民与国家关系也不能简化为权利与权力关系，国家义务开始成为理解公民权利与国家权力关系的关键。

　　与宪政的政治理论研究相始终，在法学界也有探究以公法导控权力之

---

[1]　朱福惠：《从限权到控权——宪法功能发展研究》，《现代法学》，1999年第5期。

精神、制度与技术的公法学。所谓公法即导控公权力行使的法律,无公法则权力不受制约,公法学与一国法治、宪政文明唇齿相依。时至今日各国皆有公法规范和公法观念。17世纪前公法观念大多囿于政治理论发展中,公法观念在康德、洪堡、耶利内克、布丹等思想家的国家学说、主权学说中都有所体现。17世纪后纯粹的公法理论及公法学开始产生,围绕公法理论的各个方面内容都产生了大批公法学家,如德国的罗伯特·冯·莫尔(Robert von Mohl)、史塔尔(Friedrich Julius Stahl)、贝尔(Otto Bhl)和卡尔·施米特(Carl Schmitt);法国的公法大家狄骥(leon Duguit)、奥里乌(Maurice Hauriou);英国的戴雪(A.V.Dicey)、拉斯基(Laski)、詹宁斯(Ivor Jennings)和韦德(H.W.R.Wade)以及日本的美浓布达吉等。[1]公法研究所涉及的领域之广阔、体系之复杂、内容之繁琐以及问题之多已成为学界的共识,但是公法研究所追求的宗旨却一直没有改变,那就是对国家权力合法性的追问,国家权力成为宪法之下的法律权力,而随着国家向社会提供公共服务与给付救济行为的大量增加,使国家在履行社会管理职能时,不再仅仅表现为国家权力的行使,还表现为大量国家义务的履行。

学界有关公法理论的研究为本书的国家义务研究提供的重要的素材,特别是德国公法中有关基本权利双重属性及国家义务的实践与研究,为我们探寻公民权利与国家义务的关系及国家义务履行提供了重要的理论素材及现实参照。

4. 有关人权保护与国家义务的研究

学界对人权的研究主要包括人权的属性、人权的分类以及对人权的保护的研究。人权所具有的道德属性,使人权成为先于民族国家的存在,强调的是人权主体的广泛性。由道德性的人权变为由国家法律加以保护的公民权利,是人权由道德权利向法律权利转变的过程。由于人权所具有的道德性,使得人权的权利内容随着时代的发展逐渐扩张,由第一代人权到第二代人权,再到第三代人权,越来越多的权利内容被赋予了人权的属性。而各个

---

① 袁曙宏、韩春晖:《公法传统的历史进化与时代传承——兼及统一公法学的提出和主张》,《法学研究》,2009年第6期。

国家在选择由其予以保障的权利时则对人权所包含的权利进行了取舍,因此人权中的一部分内容成为由国家予以保护的公民权利,而另一部分人权则由于没有义务承担者而仅仅成为道德权利。

随着全球化进程的发展,国际人权机构的成立使得对人权的保护产生了新的义务承担者,即国际人权机构。国际人权机构作为超越于民族国家之上的政治团体,其义务能力是十分有限的,在实现人权的保护方面,最终仍旧落实为如何促进国家履行人权保护的义务。

各国条件的差异性使得对国家义务的履行在不同的国家有不同的表现。在国家该如何履行国家义务的研究中,最为主要的是对国家义务分类的研究,如根据权利性质的不同将国家义务分为消极义务与积极义务;根据权利实现的迫切性将国家义务分为结果的义务与行动的义务,结果的义务是指权利实现的义务,行动的义务是指合理时间内采取争取实现权利的有关步骤的义务;国家义务类型三分法最早由美国学者亨利·苏(Henry Shue)提出,他将国家承担的义务分为国家避免剥夺的义务、国家保护不被剥夺的义务和国家帮助被剥夺者的义务;挪威人权专家阿斯布佐恩·艾德(Asbjorn Eide)就国家实现食物权提出国家义务分为尊重的义务、保护的义务和实现的义务;荷兰人权学者范·霍夫(Von Hoof)提出国家有尊重、保护、保证以及促进人权等方面的义务;亨利·斯泰那(Henry Steiner)和菲利普·阿尔斯通(Philip Alston)提出尊重别人权利、为实现权利建立必要机制保护权利、防止侵害、为满足权利提供商品和服务以及促进权利实现五类国家义务。[①]此外还有一些学者结合食物权、受教育权等具体权利提出食物安全矩阵与受教育权的国家义务矩阵等,所有这些研究都有助于国际监督机构监督各国条约义务的履行情况,及用于审视国家保护公民权利的义务履行状况。

在国家的本质与国家与个人的关系问题上,我国有着不同于西方的观念演进史。在国家产生问题上我国古代一直以"家国说"作为国家存在合法性的一种解释,在个人与国家关系问题上强调个人对国家的绝对义务,但从先秦时期开始"保民""养民""富民"等思想一直贯穿于中国古代政治思想与

---

① 尹文强、张卫国:《受教育权的国家义务分类浅析》,《比较教育研究》,2007年第3期。

政治实践中,尽管其"保民""养民""富民"的出发点是专制统治秩序的存续,但这种思想的确立也为与社会相对的掌握政治权力的人及机构设定了相应的义务。到孙中山"民族""民权""民生"三民主义的提出,中国也开始了现代国家的构建过程。五四运动后马克思主义在中国传播,最终以马克思主义为指导思想建立的社会主义人民民主专政制度,强调国家利益与人民利益的一致性,致力于国家社会职能的履行,为此保障公民权利的实现是社会主义中国国家建设的应有之义。

综上所述,国家作为普遍的历史现象和哲学概念,一直以来都是政治学关注的核心和重大问题,关于国家理论问题的论述也是汗牛充栋。尽管如此,我们仍然不能确信地说我们已经掌握了有关国家的所有理论,而且这一现象仍然会持续下去。前人的研究给我们的研究提供了充足的素材,同时也加大了我们研究的难度,使对国家问题的研究者永远不可能做到面面俱到掌握全部素材。前人的研究成果既给我们提供了研究素材,也为我们提供了思考问题的起点和出发点。

(二)研究现状

我国学人在对国家学说的研究方面主要以马克思主义国家学说为基础,阐释了马克思主义的国家观,并对马克思主义的国家学说进行发挥,以指导实际问题,产生了大量理论成果。在对西方国家学说的研究方面主要以译介为主,上文中提到的主要学者的主要著作都陆续出版,在此不能一一述及。下文仅就国内学者就国家义务问题的研究进行简单的述评。

我国对国家义务的界定最早出现在有关国际法的研究中,在国际法中国家义务是指国家不侵犯其它国家主权的义务。[①]随着国内学者对人权的保障与实现,特别是对具有社会权利属性的公民权利研究的深入,国内部分学者开始从公民与国家的宪政关系角度阐释国家义务问题。

1. 关于国家义务必要性的研究

国家与公民的关系问题是政治学的核心问题,也是一个在理论上和实

---

① 周鲠生:《国际法》(上册),商务印书馆,1976年,第233页。

践中存在重大争议的问题，在传统的宪政理论框架下法学界与政治学界研究最多的是关于如何用公民权利限制国家权力的问题，国家义务这个概念更多地成为国际政治中处理国家关系的术语，同学界对国家权力的研究形成鲜明对比。义务是与权利相对应的一对范畴，国家有权力必有义务，而学界对国家义务的忽视与一直以来人们将公民与国家的关系局限在权利与权力的视角有关。

学者陈醇、蒋银华、龚向和等人，对国家义务的研究，有利于重新梳理个人权利与国家权力的关系，理论界原有的个人权利与国家权力关系理论，被认为不利于有效地保护公民的个人权利，是错误地理解了个人与国家关系，对公民权利提供保护的不应是带有强制性的权力，而应该是义务，是公民的权利需要决定了国家义务。①国家义务的研究能够明确国家权力的行使，具有重要的理论和现实意义。在阐释国家义务研究的必要性的同时，明确了国家义务是人民主权的逻辑衍生，只有在以人民主权为基础的宪政体制中，国家义务才能产生，人权是国家义务的价值目标。②

从人权的实现与保障角度对国家义务的研究也是我国学者进行国家义务研究的重要切入点。随着国际人权法的发展，学者对两项国际人权公约的研究及其在中国的实施都进行了大量的研究，越来越多的学者开始关注在保障人权方面国家义务的履行问题。特别是针对劳动权、教育权、健康权、生存权、少数民族文化权等属于社会权利性质的权利，国家如何提供保护已有大批学者进行了论证。如孙世彦《论国际人权法下国家的义务》、王晓杰《作为国家义务的就业权》、钟会兵《论社会保障权实现中的国家义务》、杨成铭《受教育权的国家义务研究》、刘文平《受教育权实现的国家义务》、尹文强《受教育权的国家义务分类浅析》、陈佑武《文化权利保障的国家义务》、司马俊莲《论少数民族文化权利与国家义务》、冉富强《区域协调发展的国家义务与法治保障》、龚向和《论民生保障的国家义务》、贾峰《论社会救助权国家义

① 陈醇：《论国家的义务》，《理论法学》，2002年第8期；蒋银华：《两权博弈与国家义务论》，《宁夏社会科学》，2010年第5期；蒋银华：《论国家义务的基本内涵》，《广州大学学报（社会科学版）》，2010年第5期。

② 龚向和、刘耀辉：《基本权利国家义务是宪政的产物》，《法治研究》，2010年第6期。

务之逻辑证成与体系建构》等。

2. 有关国家义务类型的研究

在明确了国家义务保障公民基本权利的必要性后，人们开始更多地就国家义务如何实现的问题进行探讨，义务层次理论是其中的典型，如美国的亨利·舒较早提出了国家对基本权利承担的三类义务：第一类是避免剥夺的义务、第二类是国家保护个人不受剥夺的义务、第三类是国家帮助被剥夺者的义务；[①]挪威人权专家艾德提出尊重、保护和实现的"三分法"；荷兰人权研究所提出尊重、保护、实现和促进的"四分法"；[②]联合国经济、社会、文化权利委员会就食品权、健康权的实现要求缔约国承担尊重、保护和实现的义务，实现的义务又包括便利的义务和提供的义务，并提出了衡量义务落实的三大标准，即可获得性、可接近性和可支付性。[③]

国内学者基本上没有脱离这个范畴，也对国家义务的基本类型进行了相关论述。首先是有关消极义务与积极义务的划分，权利和义务是相对应的概念，权利的实现依赖于义务的履行，国家的消极义务与积极义务源自"消极自由（权利）"与"积极自由（权利）"之分，自由权要求的是免于国家干涉的自由，因此对应国家消极义务，社会权要求国家的积极介入，对应的是国家的积极义务。长久以来，人们对消极自由的倡导和对积极自由的恐惧，使得人们也更愿意强调国家的消极义务，消极义务与积极义务的区分成为学界的广泛共识。但是随着人权诉求的变迁，人们越来越认识到对于一项具体的权利来说，积极义务与消极义务同等重要，在各种人权公约中都已经开始强调无论社会权还是自由权都需要国家提供积极的行为和帮助。国内部分学者也开始不再强调将义务作为区分权利的核心标准，而"强调国家为人权综合性实现所负义务的复合性特征"[④]。

---

① 龚向和：《国家义务是公民权利的根本保障——国家与公民关系新视角》，《法律科学（西南政法大学学报）》，2010年第4期。

② 龚向和、刘耀辉：《基本权利的国家义务体系》，《云南师范大学学报（哲学社会科学版）》，2010年第1期。

③ 经济、社会、文化权利委员会第二十二届会议（2000年）第14号一般性意见。

④ ［日］大沼保昭：《人权、国家与文明：从普遍主义的人权观到文明相容的人权观》，王志安译，生活·读书·新知三联书店，2003年，第210页。

国际人权法领域的人权学者对国家义务先后提出了"三分法"和"四分法"的学说,国内学者在借鉴"义务层次理论"的过程中,也有对"义务层次理论"的新发展。张翔将国家义务分为消极义务、保护义务和给付义务,希望以此纠正艾德"义务层次理论"中各要素之间的交叉。①龚向和认为此种划分仍有缺陷,从尊重、保护和给付三个层面界定国家义务更为合适,同时强调三者在内容上的关联性,是有章可循的一个整体。②

依据国家义务的履行主体,国家义务又体现为立法、行政和司法等具体国家机关的义务。立法机关不得制定侵犯公民基本权利的法律,不得以立法的形式限制公民的基本权利,并通过立法手段制定保障措施;行政机关通过合法行政、合理行政承担最多的国家给付义务;司法机关通过违宪审查、宪法诉讼、不妄法裁判、不滥用自由裁量权等为国家承担最多的保护义务。③

除此之外,学者依据不同的标准也对国家义务进行过其他类型的划分,如龚向和依据国家义务体现的国家性质标准将国家义务划分为自由法治国原则的国家义务和社会法治国原则的国家义务,依据基本权利双重属性决定的国家义务产生的与基本权利主观属性相对应的义务和基本权利作为客观价值秩序直接决定的义务;④中国台湾学者吴庚从逻辑论证观点提出国家义务包括禁止义务、安全义务与风险义务。⑤

以上关于国家义务的划分并不彼此排斥,像尊重的义务主要是消极义务,立法机关主要承担保护义务等。尽管以上的分类并不严谨,但也为我们研究国家义务、探索国家义务的履行提供了不同的视角,每一项权利到底对应着国家的何种义务,可能还要由个别的、具体的分析来作出。

---

① 参见张翔:《基本权利的规范构建》,高等教育出版社,2008年。

② 尊重义务指国家自身不妨碍和干预公民自由的义务,保护义务指国家必须采取措施预防、制止、惩罚第三人侵害的义务,给付义务指公民通过自身努力不能达到基本权利的最低要求时国家予以救助的义务。参见龚向和、刘耀辉:《基本权利的国家义务体系》,《云南师范大学学报(哲学社会科学版)》,2010年第1期。

③ 牛建勋:《论基本权利保障中的国家义务》,内蒙古大学博士学位论文,2009年。

④ 龚向和、刘耀辉:《基本权利的国家义务体系》,《云南师范大学学报(哲学社会科学版)》,2010年第1期。

⑤ 蒋银华:《论国家义务的基本内涵》,《广州大学学报(社会科学版)》,2010年第5期。

　　总之,目前国内对国家义务的研究还处于起步阶段,在期刊网上检索有关国家义务的论文,数量十分有限,而且许多只涉及国家义务教育问题。且已有的研究国家义务的学者,更多地集中在法学领域,更多是从国际人权保护方面与德国公法研究方面探讨国家义务问题。将公民与国家关系作为核心的政治学理论学者对国家义务的关注并不是很多,本书则试图从政治学中公民与国家关系的视角,梳理西方政治思想史中有关个人与国家关系的理论,以国家义务阐释公民权利与国家权力的关系。

三、研究视角与论证思路

(一)基本概念界定

　　本书以公民权利的发展演变为视角,分析国家义务的内涵及发展变化问题,探讨的是公民与国家的关系问题,但无论是"权利"还是"国家义务"都不是一个简单明确的概念,以下就本书所涉及的几个基本概念进行界定,交代本书是在何种意义上探讨"公民权利"与"国家义务"问题的。

　　1. 权利、义务

　　权利(rights)作为一种社会观念出现,是17世纪末以后的事情。在古希腊语和拉丁语中并没有相当于现代权利概念的词,自格老秀斯和霍布斯开始,"权利"才开始具有现代意义。学术界对权利内涵的定义一直难有定论,中西方学者都从各自的研究角度对权利的内涵进行了界定,美国法学家霍菲尔德将权利划分成四个要素:要求(claim)、自由(liberty)、权力(power)、豁免(immunities),最严格意义上的权利是一种要求权。而我国学者夏勇在《人权概念起源》中从五个方面归纳了权利的属性:利益(interest)、主张(claim)、资格(entitlement)、权能(power and capacity)、自由(liberty)。除此之外,在有关权利的争议中有五种最具影响力的权利理论:利益论、选择论、要求论、资格论、关系论,每一种理论都有自己立足的理论依据,并不乏支持者,[1]以致一

---

① 褚松燕:《个体与共同体——公民资格的演变及其意义》,中国社会出版社,2003年,第16~18页。

些研究者将权利作为"简单的、不可定义、不可分析的原始概念"来对待。①
《布莱克维尔政治学百科全书》在有关"权利"的词条中写到,在政治哲学中
权利这一术语有三种使用方式:①描述一种制度安排,其中利益得到法律的
保护,选择具有法律效力;②表达一种正当合理的要求,并且这种要求应该
得到维护和尊重;③表达这个要求的一种基本道德原则,该原则赋予诸如平
等、自主等基本个人价值以重要意义。②许多学者认为"权利"这个概念应该
限定在第一种意义上也即"法律权利"上使用,因为对权利的需求也即后两
种意义上的"道德权利"(或称"天赋权利")本身不是一种权利,尽管如此人
们并未广泛接受这种苛责,许多关于权利的理论和"以权利为基础"的政治
理论还是大量出现。

　　在政治理论中最引人关注的是权利要求,及个人的权利和他们要别人
特别是政府所承担的义务之间的关系。③没有义务的权利是否称之为权利是
一个值得争议的问题,权利和义务的相关性问题也成为权利哲学中的一个
基本问题。

　　权利和义务的相关性可以区分为"道德相关性"和"逻辑相关性","道德
相关性"主要是指,判断一个人是否拥有权利,首先看其是否履行了相应的
义务,个人对权利的拥有是以其先履行义务为前提的。而"逻辑相关性"是
指,个人拥有权利的前提并不是以他自身是否履行义务为前提,一个人对权
利的拥有在逻辑上应该是与他人是否履行义务为依据的,他人是否履行义
务是权利拥有者是否拥有权利的前提。④两种相关性概括来说即为"没有权
利则没有义务,没有义务则没有权利"。前者的权利义务关系指的是同一主
体自身的权利义务关系问题,后者指的是不同主体之间的权利与义务关系
问题,本书主要围绕后一种不同主体之间的权利义务关系展开。这种相关性
的理论认为,在权利与义务之间存在特别严格意义上的相关性,即权利和义

---

① 〔美〕J.范伯格:《自由、权利和社会正义——现代社会哲学》,王守昌、戴栩译,贵州人民出版
社,1998年,第91~92页。

②③ 〔英〕戴维·米勒主编:《布莱克维尔政治学百科全书》,邓正来等译,中国政法大学出版社,
2002年,第711页。

④ 余勇:《道德权利和道德义务的相关性问题》,《哲学研究》,2000年第10期。

务之间存在着相互包含关系。萨缪尔·斯托亚(Samuel Stoljar)认为，如果一项权利没有由一个个体来承担相应的义务，那么这项权利不可能是有效的权利，无论是针对某物还是针对某个人。①另外，卡尔·韦尔曼(Carl Wellman)则从权利的保护角度出发，指出权利概念的关键在于，任何一种权利都可以被违反或侵犯，即使是像自由权一类的消极权利其最终也都是针对他人的权利，这在一定程度上就意味着至少是给他人施加了某种义务。②人们对权利和义务是否具有相关性没有统一的说法，但从对权利的保护这一角度出发，我们确实承认任何一种类型的权利都需要一定的义务与之相伴才能得到有效的保护。这是一种理想的权利和义务相关模式，但就公民的发展权、生存权等这类在确定其义务内容及具体义务承担者存在困难的权利面前，我们仍就承认这类权利的权利属性。这种对权利内涵的宽泛定义，避免了对权利概念的绝对化理解，为权利的发展留下了较大的空间，尽管有些权利并不能确定相应的义务内容和义务承担者，是一些学者笔下类似于"宣言意义"上的权利，但我们基于人类共有的价值理念仍宣称它们为权利，并预示着我们试图使之成为有保障的权利的一种愿望。

从权利的有效性上，我们承认权利的存在必然有与之对应的明确的义务，但从权利的实际存在状态出发我们也承认许多不完善的权利的存在，并且认为它们具有发展成为完善的权利的可能，本书强调的是一种动态的、发展的权利，强调人们为实现某种利益提出某种要求，并将要求变成现实的过程。

从上文讨论可知，权利的实现离不开义务，而义务的内涵界定也是需要我们认真对待的问题。"义务"一词在古希腊有"应该完成""应该做到"的意思。古罗马的西塞罗在他的名作《论义务》中，就是在此意义上来使用义务这个概念的，他整个义务观念的出发点就是至善，亦即道德的高尚，生活的全部意义在于对义务的履行，最后的落脚点就是好的公民应尽的社会义务，可以说西塞罗同他之前的希腊罗马哲学家一样将义务看作一个伦理学中的基本问题，强调公民存在的道德意义。同时，我们在使用义务一词时，通常也

①② 黄金荣:《权利理论中的经济和社会权利》，http://www.jus.cn/showarticle.asp?articleid=341，2007年10月27日。

含有欠债应还之意,是与一个人应当完成某件事联系在一起的,意味着它是权利拥有者可以向义务人索要的,"义务是可以强索的,像债务可以强索一样"①,这时义务是与权利联系在一起的。这也是近代以来人们广为应用的一种义务观念。存在一种权利也必然存在一种义务,承认一项权利就是承认一项关于它的义务,权利从所有者来说是应享有的事物,义务对承担者来说是应给予他人的同一项事物。享有权利和承担义务的区分是,当承担义务时必须履行,除非有更加紧急的义务需要履行,这时对义务的履行是无选择的,而权利则不然,在有些情况下你可以选择不行使权利。但是随着社会实践的发展,义务一词有了更加宽泛的含义,义务不再仅指与权利相对应的行为,有时义务也源自某些人类道德良知的要求。在这种意义上,义务成为我们应当如此行为的具有伦理和道德色彩的词语,与权利之间的关联性则被弱化了。②

义务一词到了近代以后其含义不断拓展,经历了由强制性义务(也可称为完全义务)向非强制性义务(也可称为不完全义务)的扩展。完全义务是与他人权利相对应的义务,是由国家法律规定的可获得强制执行的义务;不完全义务在一定意义上不涉及他人的权利问题,通常是由道德等超验性原则所强加的义务。有关义务的这种完全性与非完全性之分不仅体现在法律义务与道德义务的区分上,即使是在道德义务自身的区分中,也有这种强制性和非强制性之分,像基于道德上的公正义务和行善义务之间,前者的强制程度就重于后者,因为前者意味着某种相应的明确的道德权利的存在,而对于像确保社会的基本秩序所必需的义务,也明显地具有道德上的"强制性"。而道德义务中包含的某些行善义务是一些能极大地提高社会道德生活质量和促进社会和谐的道德要求,不与某种明确的道德权利相对应,是允许个人自愿选择的,其强制性显然较其它道德义务要弱化些。③

综上所述,在对权利和义务问题的处理上,采用了最宽泛的解释,强调了权利和义务在道德上的正当性,并且本书的重点不在于同一主体即公民自身的权利和义务关系问题,而要探讨的是不同主体之间的权利与义务关系问题,主要是公民权利与国家承担义务间的关系问题,探讨近代以来公民

---

①②③ 余勇:《道德权利和道德义务的相关性问题》,《哲学研究》,2000年第10期。

权利的不断演变所揭示的国家义务的内涵及发展。

2. 人权、公民权利、基本权利

人权是人之为人享有的权利，到20世纪人权才开始在政治学与法学界占据显著位置，在此前人权一直被说为自然权利或人的权利。人权思想最初指的就是自然权利。以霍布斯为代表的一些思想家将自然权利理解为人在自然状态中享有的无限的自由权利，当人签订契约进入政治社会后，人们交出了自己的无限权利，此时自然权利与绝对国家是一致的。以洛克为代表的思想家则认为人们不应交出自己的全部权利，生命、自由和财产的权利始终应由人们保管，建立国家的目的就是为了保护自然权利。洛克将自然权利理解为自然法下人人享有的平等权利，保护自然权利是国家的主要义务，自然权利确立了国家权力的界限。在洛克之后的很长一段历史时间内，洛克对自然权利的理解都是人们理解自然权利的经典阐释，美国的《独立宣言》和法国的《人权宣言》体现了自然权利思想对世界进程的重大影响。

到20世纪，人权理论继承了自由主义的自然权利理论，人们互换使用"自然权利"与"人权"这两个概念。人权是人们生而具有的道德权利，不需依赖任何特定秩序或团体而存在。但在人权的保护中，人权还是具有更多的政治性内容，其获得尊重和保护更多的还是依赖于国家与政府。

就人权的内容来看，依据各种人权宣言，大体分为生命权、自由权、财产权、社会权等一系列人权，也有人依据人权发展的阶段将人权分为第一代人权、第二代人权与第三代人权等。就人权的依据来看，过去人权被视为自然权利，被看作自然法的产物。随着自然法思想的衰落，人们更倾向于从人所具有的人的尊严的基本价值角度为人权辩护。尽管人权具有普遍性，但它远未得到一切人的一致承认，没有任何理由先验地认为，人们必须在人权内容和人权存在的基础上取得一致的同意，从而创建为世界人民所普遍接受的人权清单，但人类更愿相信理性的力量，不断促进人权思想的普遍化并为此付出努力。

与人权相对，公民表示个人在民族国家中获得的个人身份，公民权利指国家对公民所保证的权利，是国家授予其所控制地域内的所有人的权利，国家结构的核心要素就是对划分为公民的成年人的权利和义务用法律加以规定。①公民权利在历史上并不是普遍享有的，在古代享有公民权利的人只是国家中的小部分人，近代以后公民权利思想才得以进一步发展，工业革命期间中产阶级通过各项法典获得了法律和政治权利，尽管有学者认为公民权利是西方独特的启蒙运动的产物，并不适用于其他文化，但公民权利的思想还是由西方扩展到许多非西方文化的国家和地区，并且在20世纪后进一步发展，权利继续扩展到不同性别、种族、民族以及残障人士，虽然这些过程都伴有不同程度的冲突，可是公民权利在大多数工业化国家都得到了发展。

人权与公民权利的区别之处就在于，公民权利是与政治国家发生关系的，是受到具体国家保护的权利，其权利主体是公民，公民拥有权利的首要前提是公民资格的取得。而人权的主体是自然人，一定程度上人权指的是人先于政治国家而拥有的权利，具有更多的道德性，其义务诉求主体不像公民权利那样明确。在权利内容上，人权包含的权利种类更多，公民权利则更多地依赖于国家法律对权利的认定。

在很多情况下，基本权利与公民权利具有相同的含义，在表示与人权的区别时，公民基本权利与公民权利都表示是由国家法律加以保护的权利，而且在许多国家的宪法中都采用"公民基本权利"或"公民权利"这一表述方式。但从细微之处来看，公民基本权利相比于公民权利，主要在于基本权利表明某些权利相比于其他权利对人具有的重要性，是最为基本的，是需要在每个国家的宪法中加以保护的，因此国家必须予以保护，不得侵犯。公民权利的获得则不是依据权利的重要性，而是依据是否拥有该国的公民资格，相较于基本权利的"前国家"道德属性，公民权利更多地依赖于国家。

在本书的论述中，在不同的场合分别使用了人权、公民权利和公民基本权利这三个词。在阐释先于国家的人之为人的权利时使用自然权利与人权，在阐释人依赖于由国家法律保护的权利时使用公民权利，在阐释由国家宪法加以保护的，主要针对国家而提出的约束国家或由国家积极提供保护的权利时使用公民基本权利概念。

---

① ［英］戴维·米勒主编：《布莱克维尔政治学百科全书》，邓正来等译，中国政法大学出版社，2002年，第130页。

3. 国家义务

对国家义务进行界定包括两个层次。一是指国家作为国际社会成员所应当承担的国家义务,在国际关系中的这种国家义务根据联合国公约是指:尊重各国主权、独立和领土完整;不干涉他国国内管辖事务;以和平方式解决国际争端等,是国家作为国际法的主体所承担的国家义务。而国家义务的另一层意思是指在一国内部作为国家存立基础的国家义务。而研究主题所指称的国家义务,是指自近代公民权利确立以来,与公民权利相对应,以保障公民权利为目的的国家义务,国际关系中的国家义务问题不在我们的讨论范围内。

从公民与国家关系的角度阐释对公民权利的保障问题,也有学者用国家责任来表述这种意思。人们通常将义务与责任互通使用,有些时候人们界定义务就是一种责任,或责任就是指对某事或某物应尽的义务,我们说在"应做分内之事"这个含义上,义务与责任表达的是同一个意义。而"责任"除了"应做之事"这一层含义外,还有一层含义指"未作好分内应做之事所应受到的谴责和制裁",像在国际关系领域一个国家违反国际法上的义务,侵害他国权益,就构成国际侵权行为而发生国家责任问题;而在一国内部如果国家机关及其工作人员执行职务、行使公共权力损害公民、法人和其他组织的法定权力与合法利益时国家则应承担赔偿责任。此时国家责任与国家义务的含义则有明显的不同,国家责任是对违反和未履行国家义务的谴责和制裁,因此在表达国家对公民权利的保障这个含义上国家义务更为恰当。

在公民与国家的关系问题上,近代以来学界关注最多的莫过于国家权力与公民权利之间的制约关系。权力一词最早指人或物影响他人或他物的能力。霍布斯将权力定义成一种因果关系,是一种主动行为者和被动承受者之间的因果关系。①罗素认为,"权力可以定义为有意努力的产物"②。到20世纪,社会哲学家们也纷纷对权力进行论述,例如马克斯·韦伯将权力定义为是在人与人的交往中一个人将自己的意志强加在其他人意志之上的可能

---

① [英]戴维·米勒主编:《布莱克维尔政治学百科全书》,邓正来等译,中国政法大学出版社,2002年,第641页。

② [英]伯特兰·罗素:《权力论》,吴友三译,商务印书馆,1991年,第23页。

性,拉斯韦尔认为"权力是施加影响力的特例"①,在美国政治学界占上风的观点是 "行为者C公然试图使另一行为者R按C的意图去做R所不愿做的事。如果C的权力意图得逞,那么C被认为对R拥有权力,尤其表现在R与C有分歧的问题上C对R拥有权力"②。而到了近二十年,人们对权力理解的争议演变为权力概念是一维的、两维的、还是多维的。总之,对权力的理解始终包含着对他人的控制和影响力,是一定主体具有的强制支配性力量。而国家权力则是依法由公共机关及其附属组织掌握和运用的那部分权力,是国家主权的对内体现,也就是我们通常所说的公权力。

近代以来,启蒙思想家依据天赋人权与社会契约思想,将国家建构在保护公民自然权利的基础上,依据启蒙思想家的逻辑,人们将自己的一部分自然权利让渡给国家,国家因此获得了强制性的国家权力,国家存在的目的除了保障公民的自然权利外,没有其它目的。权利是权力的来源,至今权利与权力仍是政治学与法学的核心范畴。然而公民权利由具有侵略性的国家权力来保障,始终使人们对这种关系存在着不信任,或者说人们认为对公民权利造成最大侵犯和伤害的可能就是国家所掌握的权力, 权力总是倾向于增加权力, 权力喜欢自己是目的而不是手段, 在权力的行使中总是存在着腐败、滥用和异化的可能,所以在政治学界始终存在该如何限制、控制国家滥用其支配权的讨论,权利与权力关系的合法解决关系着宪政的兴衰。在解决权利与权力之间的博弈困境中,我们不得不思考作为保障公民权利,与公民权利相对应决定国家权力行使的国家义务问题。

对国家义务的研究,离不开对公民与国家之间关系的重新理解。整个社会生活中的关系问题都体现为不同主体间的权利与义务关系问题, 国家与公民间也离不开这种权利与义务关系。公民的权利义务同国家的权利(这里的国家权利体现为国家权力)义务关系,体现为公民权利与公民义务、国家权力与国家义务、公民权利与国家权力、公民权利与国家义务、公民义务与

① 王浦劬主编:《政治学基础》,北京大学出版社,1995年,第74页。
② [英]戴维·米勒主编:《布莱克维尔政治学百科全书》,邓正来等译,中国政法大学出版社,2002年,第641页。

国家权力、公民义务与国家义务这样六对关系，其中公民权利与公民义务以及国家权力与国家义务体现的是同一主体自身的权利义务关系问题，后四种关系则体现为公民与国家之间作为不同主体间的权利义务关系问题。

从整个人类政治史与法制史的发展来看，由于国家性质、权利观念等方面的差异，人们在处理公民与国家之间权利义务的四对关系时会有不同的侧重，或是突出其中的某对关系，或是在一组关系中突出其中的某一方。如古代国家对公民义务的特殊强调，近代对公民权利与国家权力的突出强调等，实际上体现的是对同一主体自身权利（权力）与义务关系的不同价值评价，体现了在同一主体自身所具有的权利和义务两个方面中，以哪一方面为本位，也体现了不同时代的人对公民与国家关系的不同价值定位。①

在古代，城邦超越于个人之上。在中世纪，没有公民概念，个人没有权利而国家对于个人只有权力。自启蒙运动以来，人与人基于维护天赋权利而形成社会契约的观念已成为现代国家的逻辑前提。权利成为整个公民政治的基础，个人的权利无法以自治的形式得以实现，为此人类建立国家，个人借此获得公民资格享有公民权利，国家本身不是目的，国家设立的目的就是最大可能地实现和保障公民的权利。正是个人权利为国家创设了义务，国家才有义务尽最大的可能保障公民权利，为保障公民权利国家有义务创设立法、司法和行政等相应的机构。公民可以有要求国家为某些行为或不为某些行为的权利，"国家不得干涉个人的自治性，必须履行其所有的义务，而且国家必须将自身组织为一种尽可能保障其义务实现的实体"②。权利产生了对国家义务的需求，为满足公民的权利需要产生了国家权力。"统治者保有着一定的权力；但是，他们保有权力的根据不再是他们所享有的权利，而是他们所必须履行的义务。"③"统治者只有出于实施他们义务的目的，并且只有在

① 龚向和：《国家义务是公民权利的根本保障——国家与公民关系新视角》，《法律科学（西南政法大学学报）》，2010年第4期。
② ［法］莱昂·狄骥：《公法的变迁·法律与国家》，郑戈、冷静译，辽海出版社、春风文艺出版社，1999年，第235页。
③ 同上，第13页。

实施其义务的范围内,才能够拥有权力。"①国家机关之所以拥有权力是因为国家机关要履行国家义务,所有国家机关的公职人员在国家机关的工作不是在享有权利,而是在履行义务。就像马克思所说的,一切国家机关的公职人员不过都是人民的公仆,除了人民的利益,他们本身没有任何自己的利益。国家存在的目的就是尽可能地为公民依靠自身努力获得充分自由的实现创造条件。②

这种对国家义务的理解是对近代以来占主导地位的公民权利与国家权力关系的一种重新解释。而且在现代社会,出于对公民权利保障的需要,人们越来越认识到人们需要的不是处于消极状态的国家机关,而是一个能够积极处理社会福利、实现社会公平正义的政府。现代宪法对国家的义务性规定也在范围上不断扩大,"权力本位"逐步让位于"义务本位"。③对于所有掌握国家公权力的国家机关而言,其所拥有的权力在本质上是一种义务,是一种必须为所有公民和整个社会所应履行的职责。国家机关的权利,就是始终尽职尽责地履行保护公民基本权利的义务。④公民与国家的权利义务关系此时就表现为,公民权利决定国家义务,国家权力源自于国家义务。

保障与实现公民的正当利益追求是国家创设的核心思想,因此在公民与国家权利义务的关系问题上公民权利是主线,国家义务是为实现公民权利以作为或不作为的方式保障公民权利主体获得利益的一种手段,在这个意义上,公民权利是目的,而国家义务是手段。国家义务是对公民权利的承诺,满足公民权利的需要是国家权力存在的正当理由。这里的公民权利是一个整体性的概念,国家是为满足整个社会全体公民的权利需要服务的,并不是指国家要专门为某一个公民的利益服务。"国家作为义务主体,其义务之性格往往表现在法律秩序的合理规制义务上,即国家应依正义之观点,负担

① [法]莱昂·狄骥:《公法的变迁·法律与国家》,郑戈、冷静译,辽海出版社、春风文艺出版社,1999年,第444页。

② 参见[英]霍布豪斯:《自由主义》,朱曾汶译,商务印书馆,1996年。

③ 龚向和:《国家义务是公民权利的根本保障——国家与公民关系新视角》,《法律科学(西南政法大学学报)》,2010年第4期。

④ 惠毅、邓巍:《论国家权力与公民权利之关系》,《西北大学学报(哲学社会科学版)》,2007年第1期。

正当整全规范的设计及其适用的义务。"①国家义务既包括由法律所规定的由国家必须履行的法定义务，也包含由国家创设目的所决定的为实现公民自由、发展创设条件的道德义务。国家义务的内容是由公民的权利需要决定的，随着公民权利需要的变化，国家义务也必然会随之变化，因此国家义务具有随社会变迁而开放的特性。

综上所述，国家义务是国家基于公民与国家之间的权利义务逻辑，为满足公民权利需要，创设并满足有利于公民实现最美好生活的条件，所履行的相应义务。

（二）研究视角

基于上述对有关权利与义务、公民权利、国家义务等基本概念的界定，已经基本明确了本书的研究视角。本书的研究主要立足于近代以来的国家观念，将国家理解为一种近代以来的社会现象，将国家的核心特征定义为主权，对主权的限制成为本书的着眼点，人们或以神权限制主权，或者以理性限制主权，或者以权利限制权力。总之，对主权的限制取决于人们对国家的想象，国家存在的目的决定了人们对国家权力进行限制的范围，本书则以由公民权利需要决定的国家义务作为对主权的限制。

在有关权利与义务的关系问题上，本书侧重于国家与公民之间的权利义务关系，强调的是不同主体间的权利义务问题，一项权利的存在必然存在相应的义务承担者，在权利的保障上"无义务即无权利"。作为拥有权利的公民，其权利的实现要求他人履行相关义务，其中既包括其他公民也包括国家。本书将讨论限定在与公民个人权利相关的国家义务的研究上。

在有关国家与公民的关系问题上，本书以近代以来的自由主义视角理解国家与公民关系，将公民权利理解为目的，将国家理解为保护公民权利的工具性存在。在自由主义的视角下，强调个人权利本位，将国家权力看作派生物。在对公民权利含义的理解方面，也以近代以来的自由主义思想为依据，以自然权利为出发点进而论述公民的法律权利，依据与国家的关系将公

---

① 蒋银华：《论国家义务的基本内涵》，《广州大学学报（社会科学版）》，2010年第5期。

民基本权利分为具有自由权与社会权属性的权利,并在这一分类的基础上,论述不同性质的权利所要求的国家义务分类。

总之,本书以近代以来的自由主义思想中的公民权利演变为视角,在个人权利本位的基础上,阐释国家义务的内涵,及国家义务内涵的演变;以不同时代的重要思想家的思想为理论素材,揭示近代以来的公民权利思想如何形塑了现代国家。

(三)论证思路

本书第一部分绪论的主要任务是交待选题意义和目的,对公民权利与国家义务这些基本概念作出界定,明确本书是在何种意义上谈及公民权利与国家义务。在阐释了国家是什么,我们为什么需要国家,明确了国家和政府的区别后,将对个人权利与国家义务的讨论限定在自由主义传统中。

在第一部分明确了在对待国家问题上的基本立场后,本书第二部分主要探讨近代以前的公民与国家观念,古希腊的政治思想为文艺复兴以来的政治思想提供了理论来源,在源头上探寻公民与国家的关系问题,有助于我们更好地阐释公民与国家问题。

本书第三部分试图阐释启蒙思想家如何以社会契约论证了国家的产生,在解释国家的产生时启蒙思想家如何将保障天赋自然权利作为国家的义务。自然权利的思想最终如何制度化为由国家宪法加以保障的法律权利。资产阶级革命胜利后,自然权利思想衰落,古典功利主义思想家如何论述公民权利思想,并最终以公民法律权利论证国家存在的目的与义务。最后,试图回答近代以自由权为核心的公民权利对国家义务的要求是什么。

本书第四部分的主要任务是回答,随着人们对社会正义的重新认识,人们如何认识社会权利,国家应该如何承担保护公民社会权利的义务。面对不同于自由权利的社会权利,国家该提供何种保障义务。作为为公民福利权利提供积极保障的福利国家理论,其理论提出及现实发展所取得的成绩及存在的问题,在自由主义内部福利国家理论造成了哪些争议,人们该如何完善权利与义务观念。在这部分的最后探讨了德国公法思想中的国家义务问题,其论证路径为我们解决社会权利实现问题提供了不同的思路。

　　本书第五部分主要解决的问题是,在人权观念日新月异的时代,越来越多的权利名目被纳入人权,我们该如何看待人权与公民权的关系,国家在保障人权方面该承担哪些义务。国际人权保护对传统的国家主权是否构成挑战,主权国家如何回应全球化对其的挑战,国家如何更好地履行义务维系自身的存续。

　　本书在结论部分总结全书，探讨本书存在的不足之处并对未来的研究提出展望。

第二章 近代以前的公民与国家观念

在第一章我们界定了公民权利与国家义务的内涵，可以说无论是公民权利，还是将主权作为基本属性的国家都具有明显的近代属性，或者可以说我们一直是按其近代属性在使用这两个概念。而作为公民权利承载主体的公民观念和作为政治共同体最初形式的城邦国家，则是这两个概念的最初形态，理解这两个概念，对我们深入理解公民—国家关系无疑具有重要的意义。早在两千多年前的古希腊，人们就开始理性地思考这种人与政治共同体的关系问题，对古希腊公民思想与城邦观念的理解，有助于我们更深刻地理解近代以来公民与国家关系，古希腊的思想一直以来都是人们取之不尽、用之不竭的重要思想资源。

公民作为一个政治概念涉及的是人与政治共同体的关系问题。早在两千多年以前古希腊人就根据自己的政治实践提出并界定了公民概念，然而直到今天人们对公民这个概念的理解还是众说纷纭。[1]阐释公民概念的基本内涵及其在人类历史上不同时代的发展变迁，是人类文明事业的重要组成部分。要系统地研究公民问题，梳理公民这个概念内涵的发展变化，我们不得不回顾亚里士多德的公民理论。

亚里士多德（公元前384年—前322年）是古希腊政治理论的集大成者。亚里士多德的全部思想既是对前人思想的精彩总结，又由于他的天才的力量使他的思想成为独特的完整的理论体系。可以说他的政治思想充分体现了古代城邦高度发达的政治成就，也是古希腊政治文明的成熟果实。[2]亚里

---

① 公民资格的适用范围、积极公民与消极公民、公民美德与公民义务、全球化背景下的公民概念等问题。

② 徐大同主编：《西方政治思想史》，天津教育出版社，2000年，第46页。

士多德的《政治学》是一部首创性的著作——专门讨论了政治问题和原理,在书中亚里士多德不仅描述了古希腊城邦时代的公民形态——当时流行的公民观念和公民问题的种种现状,而且还以自己天才的思维提出了最早的公民理论。即使在公民观念已经发生如此巨大变化的今天,我们仍能从亚里士多德的公民思想中汲取营养和灵感。在一定程度上,不理解亚里士多德所凝练和升华的古希腊公民思想就无法准确地理解和把握现代意义的公民观念,在这个意义上我们说"古希腊远未过去,我们尚需要在那里逗留更久,并常常去追忆他们"[①]。本小节的目的就是阐释亚里士多德的公民理论和公民理论在亚里士多德整个政治思想中的作用与意义,把握古希腊公民理论的实质内涵,以期对整个西方的公民理论源头有一个准确的理解,为笔者更进一步地梳理公民与国家关系问题的历史作铺垫。

研究亚里士多德的公民思想的另一个原因是基于对国内亚里士多德公民思想研究现状的了解。亚里士多德作为古希腊百科全书式的思想家,在整个人类思想史上占据着重要的位置,国内学者对亚里士多德思想的研究进行得很早,而且研究涉及亚里士多德思想的各个方面,可以说取得了一定的成就。但对亚里士多德公民思想进行专门研究的著作和文章还不是很多。国内对亚里士多德的公民思想的研究大致可分为四类:第一类是追溯整个思想史或某个时代中公民概念及内涵的发展,亚里士多德的公民思想在这些文章中只是作为古希腊公民思想的集中概括,是分析古希腊公民思想的主要史料;[②]第二类集中论述亚里士多德的伦理学说和公民美德问题;[③]第三类

---

① 洪涛:《逻各斯与空间——古代希腊政治哲学研究》,上海人民出版社,1998年,第338页。

② 如丛日云的《古希腊的公民观念》(《政治学研究》,1997年第3期)、李萍的《论"公民":概念的本质及其历史》(《吉首大学学报》,2002年第3期)、高力克的《卢梭的公民观》(《浙江学刊》,2004年第4期)、汤敏轩和谭君久的《公民权利思想探源:亚里士多德、斯诺莎、卢梭之比较分析》(《武汉大学学报》,2003年第2期)等。

③ 如廖申白的《亚里士多德友爱论研究》(《哲学研究》,1995年第5期)、刘喜珍的《亚里士多德论音乐教育与公民道德品行培养的关系》(《现代大学教育》,2005年第6期)、詹世友的《目的论下政治与伦理的统一——亚里士多德伦理政治观》(《中南工业大学学报》,2001年3月)、房德玖的《亚里士多德论美德的政治性》(《山东教育学院学报》,2001年第4期)、周毅的《个人美德与城邦治理——亚里士多德大政治观的现代意义》(《天水行政学院学报》,2001年第6期)等。

主要以教材形式对亚里士多德的政治思想进行了全面的概括，其中也对他的公民思想进行了总结；第四类就是国内的一些学者致力于探讨古希腊的哲学思想，其中也涉及了许多有关亚里士多德的思想。①亚里士多德的公民思想作为一个重要的政治学问题，相应的研究文章数量过于稀少，这种研究现状是不能令人满意的，还需要更多的学界同人投入更多的精力从不同的角度来研究这个问题，本小节的写作也是尝试进行一次这样的努力。

一、亚里士多德的公民与城邦

本小节试图回答以下几个问题，在亚里士多德的思想中人和政治共同体都有什么含义？公民观念如何影响人与政治共同体的关系？成为公民的形式要件和实质要件都有哪些？什么样的公民可以称作好公民？在对如上几个问题的回答中展开本节的论证顺序，本节第一部分介绍城邦中的公民，对公民概念的理解离不开亚里士多德对城邦的理解，通过对城邦的理解来理解亚里士多德公民概念的本质；第二部分介绍影响公民获得公民资格的因素，成为公民意味着什么，其中也涉及公民与政体的关系问题；在了解了有关公民的定义和成为公民的条件后，第三部分要阐述的就是如何成为一个好公民，也就是有关公民德性的问题；第四部分是对亚里士多德的公民思想进行简单的评价。

（一）城邦中人的本质："自治社会的自由公民"②

1. 公民与政治共同体

政治学理论中的一个基本问题就是回答人与政治共同体之间的关系问题，而公民这个概念指的就是在政治共同体中享有充分权利的正式成员。要谈公民就离不开公民生活的政治共同体。对享有公民资格的人的条件的规

---

① 如包利民的《生命与逻各斯——希腊伦理思想史论》、洪涛的《逻各斯与空间——古代希腊政治哲学研究》等比较有影响的著作。

② ［英］厄奈斯特·巴克：《希腊政治理论——柏拉图及其前人》，卢华萍译，吉林人民出版社，2003年，第2页。

定决定了政治共同体的性质，政治共同体产生的原因和存在的目的也揭示了人在政治共同体中的地位和作用，可以说有什么样的政治共同体就有什么样的公民，有什么样的公民就有什么样的政治共同体。

"一切政治思想产生的先决条件就是必须意识到个人与国家的对立，因为每一个政治思想家的任务就是调和并消除这种他已经意识到其力量的对立。意识不到这一对立，一切政治学的问题——涉及国家的权力基础和法律源泉的问题——就都失去了意义。不调和这一对立，这些问题就没有一个能得到解决。正是在这个意义上，抓住并强调这种对立的智者是柏拉图和亚里士多德的先驱和条件，而后者消除了这种对立。"①人类政治思想产生的动因就是协调好人与政治共同体之间的关系问题，而我们说公民问题之所以如此重要，就是因为公民这个概念和它的内涵，决定了人在共同体中的地位和作用。无论是中国古代的思想家还是西方思想史上的伟大思想家都是从处理人与政治共同体的关系问题入手，进行其它一切政治思想活动的，他们或者从人如何成为人着手谈政治共同体的本质与意义，或者从政治共同体的起源、目的入手谈人的本质与人在政治共同体中的地位。亚里士多德所以成为人类历史上最伟大的政治思想家，就在于他对人与政治共同体的关系问题给出了他所在的时代人类的政治思维所能提供的最出色的解答，在讨论人与城邦的关系问题时，亚里士多德提出了自己的公民思想。

任何思想家的思想活动都会受他生活的时代的影响，在城邦时代"个人没有独立的价值，他的价值依赖于整体。他的财产、家庭、利益、荣誉、希望，他的肉体生命与精神生命，他整个的生活甚至死后的灵魂都属于城邦、系之于城邦。在城邦中，有他的一切，失去城邦，便失去一切"②。城邦就是一种共同生活，整个希腊政治学说的基本思想就是求得这种共同生活的和谐，因此希腊的城邦学说不仅是政治学，而且是伦理学、经济学和社会学，这就是希腊人的"城邦主义"。这种政治理想，不仅是一种人们善良的意愿，而且表现在他们的各种制度上(特别是亚里士多德生活的雅典政体上)。这种对城邦

①　[英]厄奈斯特·巴克：《希腊政治理论——柏拉图及其前人》，卢华萍译，吉林人民出版社，2003年，第2页。

②　丛日云：《古希腊的公民观念》，《政治学研究》，1997年第3期。

道德性质的认同,也融入了亚里士多德的思想中。在亚里士多德的著作中城邦是整个政治学研究的核心,"政治学(Politics)"一词的词根就是"城邦(polis)",政治学就是关于城邦的学问和技术。①

对公民问题的讨论离不开亚里士多德对城邦这一政治共同体的理解。"我们见到每一个城邦(城市)各是某一种类的社会团体,一切社会团体的建立,其目的总是为了完成某些善业——所有人类的每一种作为,在他们自己看来,其本意总是在求取某一善果。既然一切社会团体都以善业为目的,那么我们也可说社会团体中最高而包含最广的一种,他所求的善业也一定是最高而最广的;这种至高而广涵的社会团体就是所谓'城邦',即政治社团。"②在《政治学》一开篇亚里士多德就为城邦下了这样一个定义,在亚里士多德心目中城邦是最完善的人类政治社群,是使人实现人的本质的场所。正是在对政治共同体性质的认识的基础上,亚里士多德开始论述其公民思想。"国家是人们为了实现最合乎道德的生活而联合起来的集体。一群人共同生活所采取的生活方式取决于他们是什么样的人以及他打算实现什么样的目的,而反过来国家的目的将决定谁可以成为它的成员以及成员个人可以过什么样的生活。"③接下来我们要深入讨论的就是,亚里士多德在他的著作中是如何分析城邦的本质,在这种城邦中公民扮演着一个什么样的角色。

2. 城邦中的公民

在《政治学》的第一卷中,亚里士多德就通过溯源的方法,即通过对城邦起源的探讨来了解城邦的起源并由此提及人的本质。出于人类生活发展的需要,由男女和主奴的结合组成了家庭,为了适应更广大的生活需要而由家庭联合组成村坊,直到由若干村坊组合成为高级而完备的生活自给自足的城邦,社会团体的发展才达到它的终点。城邦出于自然的演化,其实际的存在却是为了过优良的生活。完全自足的城邦是至善的社会团体,而人类是自然趋向于城邦生活的动物。亚里士多德认为我们与动物、植物分有成长和繁殖,与动物分有感觉,但人不同于其它动物的特性就在于人能够对善恶、正

①　徐大同:《西方政治思想史》,天津教育出版社,2000年,第22~23页。
②　[古希腊]亚里士多德:《《政治学》,吴寿彭译,商务印书馆,1997年,第3页。
③　[美]乔治·霍兰·萨拜因:《政治学说史》,盛葵阳等译,商务印书馆,1990年,第132页。

义等观念进行辨认。而只有当人结合为家庭和城邦时，人类才能将自己的潜能加以实现，人也才能称其为人。①"人类由于志趋善良而有所成就，成为最优良的动物，如果不讲礼法、违背正义，他就堕落为最恶劣的动物……城邦以正义为原则。由正义衍生礼法，可凭以判断人间的是非曲直，正义恰正是树立社会秩序的基础。"②由此看出，人只有生活在城邦中，才能使人可以称其为人的潜能得以实现。

亚里士多德不仅强调城邦是属于自然的，而且还提出了城邦是个有机体的主张。"城邦虽在发生程序上后于个人和家庭，在本性上则先于个人和家庭。就本性来说，全体必然先于部分；以身体为例，如全身毁伤，则手足也就不成其为手足，脱离了身体的手足同石制的手足无异，这些手足无从发挥其手足的实用，只是在含糊的名义上大家仍旧称之为手足而已。我们确实认为自然生成的城邦先于个人，就因为个人只是城邦的组成部分，每一个隔离的个人都不足以自给其生活，必须共同集合于城邦这个整体才能满足大家的需要。凡隔离而之外于城邦的人——或是为世俗所鄙弃而无法获得人类社会组合的便利或因高傲自满而鄙弃世俗组合的人——他如果不是一只野兽，那就是一位神祇。"③亚里士多德强调城邦与有机体的相似性，将城邦比作人的身体，个别公民好比身体的一小部分，部分与全体之间有极其密切的联系，因此对公民与城邦间的关系，亚里士多德有异乎寻常的期许。城邦比公民具有优先性，公民离不开城邦，要懂得献身城邦。

"自然不造无用的事物"④，所有的事物都有其所以为之的理由。"这种对世界的目的论解释使整个宇宙万物看起来井然有序，是古代科学研究的一项重要规范性原理。"⑤亚里士多德接受这种目的论，并用这种目的论认识万事万物存在的原因。根据这种说法，事物总要有一个终极的目的，否则所有事物的存在都会失去意义。亚里士多德认为这个终极的目的就是人，"自然

---

① ［古希腊］亚里士多德：《政治学》，吴寿彭译，商务印书馆，1997年，第4~9页。
② 同上，第9页。
③ 同上，第8~9页。
④ 同上，第8页。
⑤ 许纪霖主编：《共和、社群与公民》，江苏人民出版社，2004年，149页。

为动物生长着丰美的植物,为众人繁育许多动物,以分别供应他们的生计。经过驯养的动物,不仅供人口果腹,还可以供人使用;野生动物虽非全部,也多数可餐,而且它们的皮毛可以制作人们的衣履,骨角可以制作人们的工具,它们有助于人类的生活和安适实在不少。如果说'自然所作所为既不残缺,亦无虚废',那么天生一切动物应该都可以供给人类的服用"①。虽然自然万物存在的目的在于供人的需要,但人也有自己存在的目的。人存在的目的就是追求幸福美好的生活,而人要过上这种优良的生活成为卓越的人,只有在城邦这个政治社团中才有可能。

亚里士多德在他的《尼各马可伦理学》中开篇就表明所有的技艺和所有的研究,人的所有的实践与选择都以某种善为目的,在所有的目的中只有一种我们是因为它自身而追求它的,那么这个目的就是最高的善,它是最权威性、最主导性的科学,而政治学似乎就是这门最权威性的科学。"政治学的目的包含着其他学科的目的。所以这种目的必定是属人的善。尽管这种善于个人于城邦是同样的,城邦的善却是所要获得和保持得更重要、更完满的善。因为,为一个人获得这种善诚然可喜,为一个城邦获得这种善则更高尚,更神圣。"②城邦的存在以促进公民的美德实践为目的,所以亚里士多德在《政治学》中一再强调城邦的存在并不仅仅是为了生活,而是为了"优良的生活",不然的话奴隶和野兽也都可以组成他们的城邦了。在这里城邦不再仅仅是一个自然的存在物,它更是一种有着自身价值的至善的存在。公民只有在城邦中才能过上优良的有德性的生活,城邦也以促进公民美德为最终目的。

亚里士多德不但采用溯源的方法分析城邦的本质,而且还采用了分析的方法,他将城邦分解为最简单的要素,通过对最简单要素的分析来了解城邦的本质。公民就是城邦最简单的要素,对城邦本质的分析最后归结为对公民本质的分析。亚里士多德通过对现实中的各种公民现象的总结,得出"全称的公民是凡得参加司法事务和治权机构的人们"③。亚里士多德认为这个定义最恰当地说明了公民的政治地位。这种对公民概念的界定也与前几段

① [古希腊]亚里士多德:《政治学》,吴寿彭译,商务印书馆,1997年,第23页。
② [古希腊]亚里士多德:《尼各马可伦理学》,廖申白译,商务印书馆,2003年,第6页。
③ [古希腊]亚里士多德:《政治学》,吴寿彭译,商务印书馆,1997年,第111页。

中讨论的亚里士多德的人的本质学说相联系。亚里士多德认为人区别于动物在于人有"提出计划或规则的能力,人还有理解这个计划,服从这个计划的附属能力。优良的生活首先是有这种能力的生活,而且它必须是现实的活动,而不能仅仅是潜能,同时它还必须是符合最好和最完善的美德的"①。城邦作为至善的社会团体,以实践美德为最终目的,人只有投入到城邦的公共生活中,参加司法事务和治权机构,才有可能将人的潜能加以实现。奴隶和妇女没有这种能力,不能参与城邦的公共事务享有城邦的治权,他们也就被排除在了公民的范围之外。

　　在对城邦的基本要素——公民的本质进行了分析之后,亚里士多德得出关于公民与城邦的最著名的结论"(一)凡有权参加议事和审判职能的人,我们就可以说他是那一城邦的公民;(二)城邦的一般含义就是为了要维持自给生活而具有足够人数的一个公民集团"②。公民与城邦互相依存,公民是参加城邦治权机构的人,城邦是自治的公民团体,没有城邦人不可能完善自身,不可能实现人之为人的潜能,而奴隶和野兽也不可能组成城邦,只有有自治能力,能自己治理自己的公民组成的社会团体才可以称得上是城邦。

　　由上面的讨论可以看出,城邦就是至高而广涵的政治社群,是自然的存在,是一个完整的有机体,是追求最高善的政治社团,是希腊人生活的"生命共同体"③,人们的一切事业和爱好都集中于城邦,既不区分得很细,也不很明显地分成一些互不相关的范畴。他们的技艺是为城邦服务的技艺,他们的宗教生活就是城邦的宗教生活,他们的宗教节日也就是城邦的庆典,他们生活资料的取得也更多地依靠城邦。城邦在这里是一个道德的伦理的社会而非法律的社会。在这种政治社群中生活的人——城邦的公民——享有城邦的各种治权,这些治权是从属于公民所担任的职位的,公民积极履行自己的职责投入公共生活,是为了实现自己成为完善的人的需要。"公民资格不是

---

①　[英]W.D.罗斯:《亚里士多德》,王路译,商务印书馆,1997年,第211页。

②　[古希腊]亚里士多德:《政治学》,吴寿彭译,商务印书馆,1997年,第113页。

③　有关"生命共同体"的讨论详见江宜桦的《政治社群与生命共同体——亚里士多德城邦理论的若干启示》一文。

拥有什么而是分享什么"①,公民在共享中构成城邦。

城邦与家庭的不同之处在于家庭处理的是夫妻、父子和主奴关系,而城邦处理的则是"轮番为统治者和被统治者"②的公民间的关系。公民以共同的社会观念和社会伦理为基础组成联合体,不是主人与奴隶的简单结合,其本质是公民间的"平等"关系。这种"平等"不同于现代人的平等,只是一种基于对城邦共同分享之上的平等,是"以集体的方式直接行使完整主权的若干部分",这就是作为古希腊公民的"自由"。③

可以说"自治社会的自由公民"④是对古希腊城邦中人的本质的准确概括。在公民与政治共同体的关系问题上,强调城邦的自然本性和道德性,消弭了人与政治共同体间的对立,使人与城邦和谐相处。在强调城邦自然本性的基础上,又提出城邦是公民的自治团体,将城邦看作人们实现人的本质的场所;在城邦至上的基础上,成为公民就意味着人可以成为真正的人。

在我们了解了亚里士多德的城邦概念和成为公民对人意味着什么这个问题后,组成城邦的公民到底是什么样的人? 成为公民的形式要件和实质要件都有哪些? 公民参与治理的城邦到底是怎样的一个政治共同体? 公民在城邦中发挥怎样的作用? 这些新的问题开始进入我们的视野。

(二)公民资格与城邦政体

在第一部分我们通过讨论公民与政治共同体的关系,得出了亚里士多德的公民理论是紧紧围绕城邦这个政治共同体展开的,只有成为政治共同体的成员公民才有可能成为真正的人,公民资格的获得也因此而有了神圣

---

① [美]乔治·霍兰·萨拜因:《政治学说史》,盛葵阳等译,商务印书馆,1990年,第25页。

② [古希腊]亚里士多德:《政治学》,吴寿彭译,商务印书馆,1997年,第4页。

③ [法]邦雅曼·贡斯当:《现代人的自由与古代人的自由》,阎克文等译,上海世纪出版社,2003年。古希腊公民的自由不是现代人理解的自由,而是一种古代人的自由,这种自由观承认个人对社群权威的完全服从和集体性的自由是完全相容的。

④ [英]厄奈斯特·巴克:《希腊政治理论——柏拉图及其前人》,卢华萍译,吉林人民出版社,2003年,第2页。

性。接下来产生的问题就是什么样的人能拥有公民资格？ ①公民资格最主要的含义是什么？

在古希腊思想家的著作中，"为了提供一种统一的政治学、伦理学和有关人类活动的条件之学问时，往往力图使他们的著作既是描述性的，又是规范性的"②。亚里士多德尽管有意识地使政治学成为独立的学科，但伦理学与政治学的彻底分家还是由马基雅维利的《君主论》完成的。在什么样的人能成为公民的问题上，亚里士多德一方面紧紧贴近现实通过对城邦现实的观察得出有关公民的概念，另一方面又对什么样的人应该成为公民的问题进行了大量道义上的论证。

1. 获得公民资格的条件

在谈到亚里士多德关于公民资格的获得条件时，首先让人想到的就是亚里士多德的自然奴隶论。关于奴隶问题在《政治学》中被亚里士多德提及很多次，在亚里士多德看来奴隶制度是合乎自然的，无论在何种政体下奴隶都是不可能成为享有公民资格的人的。"凡自己缺乏理智，仅能感应别人的理智，就可以成为而且确实成为别人的财产（用品），这种人就天然是奴隶。"③在亚里士多德看来奴隶是天然存在于世上的。奴役是奴隶的天然本分而且是合法的制度。无论在理论上还是事实上这种统治与被统治的区分都是必需的、有益的。依亚里士多德的理论，统治与被统治的分别是自然界所有事物的情况，一定存在着主导部分和从属部分。就身体与灵魂来说，"身体的从属于灵魂（人心）和灵魂的情欲部分的受制于理性及其理智部分，总是合乎自然而有益的"④。具有理性的人统治缺乏理性的人，一方主治，另一方受命

---

① 公民资格（citizenship）是政治理论中一个重要的概念，公民资格规定了哪些人是共同体中的成员，拥有公民资格即意味着该共同体的成员，享有一定的权利并承担特定的义务。所以公民资格既包括了公民的权利也包含公民的义务这两方面的内涵。在特定的时代，人们获得公民资格的条件是不同的，公民资格内含的权利和义务也是不同的。在公民权利概念尚未出现的时代，用公民资格观念更能恰当地指称人与国家的关系。

② ［英］戴维·赫尔德：《民主的模式》，燕继荣等译，中央编译出版社，2004年，第9页。所谓描述性与规范性就是有关事物如何和为什么如此，以及有关事物是应当如何的。

③ ［古希腊］亚里士多德：《政治学》，吴寿彭译，商务印书馆，1997年，第15页。

④ 同上，第14页。

而行,两者合力,就可完成一项事业。能够被一位主人统治对缺乏理智的奴隶是合宜且有益的。这种统治与被统治的高低分别同样存在于男女之间,适用于一切人类事务。所以女性由于缺乏参与政治必备的基本理性能力也就不可能成为公民。

奴隶和妇女占城邦人口数量的一半以上,这些人都被排除在了城邦的公民团体之外,这种在现代人看来近乎荒唐的论证在亚里士多德的整个政治思想中,还是有它存在的意义的。这种意义与我们在第一部分谈到的有关城邦的自然性质有关。亚里士多德为城邦自然性质所作的辩护是对当时一种颇有影响的意见的反驳,根据这一意见城邦是依赖武力建立起来的,是反自然的存在,而奴隶制是这种观点的有力证据。所以亚里士多德着意批驳奴隶制是完全不自然的观点,他的这一观点是与他关于城邦自然本性相连的,具有一定的修辞意义。①

除了对有关人的理智能力的考察外,财富和出身对公民能否获得公民资格也是很重要的,"就财富而言,一方面,由于公民都必须投身公共事务,因此他们必须要有保证生活无忧无虑的经济基础;另一方面,财富可以使公民在战时自我武装,保卫国家。而出身则可以保证公民的品德和他们对国家的忠诚"②。公民身份与战士身份是一致的,公民不再服兵役也就不再享有公民权(妇女都不参战,所以她们不该有投票权)。亚里士多德对出身的看重还表现在他将工匠和佣工等排除在公民团体外,"希腊人极为重视人的身体和灵魂的和谐发展,美的灵魂置于美的身体中是他们追求的理想,而有些职业是有碍于美的灵魂与美的身体的圆满结合的,他们要么因劳动所累而有碍体格的健美,要么为生计或生意所忧而有损灵魂的安宁"③。工匠和佣工等人从事的是贱业,不可能培育人的公民美德,所以亚里士多德指出最优良的城邦是不应该把他们视为公民的。

---

① [美]列奥·施特劳斯、约瑟夫·克罗波西主编:《政治哲学史》,李天然等译,河北人民出版社,1998年,第145页。
② 吴玉章:《亚里士多德论公民》,《读书》,2000年第11期。
③ 余涌:《道德权利研究》,中央编译出版社,2001年,第120页。

除了奴隶和妇女外城邦中还有许多人不能享有公民资格。一位正式公民应该不是由于他的住所而使他成为当地的公民的,侨民就并不称为公民;在订立条约的城邦间,外侨虽有诉讼和请求法律保护的权利,但他们对这项法权还不是完全的诉讼法权,他们也在城邦公民团体外;未及登籍年龄的儿童和已过免役年龄的老人, 也都不是完全的公民。可以说儿童是未来的公民,老人是超龄的公民,但他们是没有充分资格的公民;依照常例,公民就是父母双方都是公民所生的儿子,单亲为公民,则其子不得称为公民。这在亚里士多德看来是一个通俗而简易的定义,但如若一直向上追溯,最早的公民从何而来就使人们又陷入了困境。因此,公民身份的定义还应超过血统的论断。在一些地方,由于政体的变革,许多上述不具有公民资格的人如奴隶、外侨等都获得了公民资格, 这些新增的公民又引起了许多疑难——在道义上不该成为公民的人是否可以成为一个真正的公民? 在这个问题上,亚里士多德认为这些人既已获得了法权,实际上就必须称为公民,至于该不该成为公民是另一回事。地域、血缘都不是判断公民的标准,只有"有权参加议事和审判职能的人,我们才可以说他是那一城邦的公民"①。

公民是参与城邦治权的人,这个定义最恰当地说明了公民的政治地位,最适于民主政体。在亚里士多德看来政体是"一个城邦的职能组织,用以确定最高统治机构和政权的安排, 也由以订立城邦及其全体各分子所企求的目的",因此相应于不同的政体,对公民资格的规定还是必然有别的。对于不参加统治职能的人,是否可以成为公民,在不同的政体中有不同的规定,"政体有好多种类,公民也就有好多种类;不担任官职的被统治公民,其种类更多。在某种政体中,工匠和佣工都是公民;在另一些政体中,他们却不得为公民"②。在贵族政体中,职位按功勋和品德分配;在寡头政体中,官职有很高的家产条件;而在有些政体中,对公民资格的获得条件就放宽了很多,以致客民也不难入籍,还有些城邦对私生子也援用这些条例。

通过对亚里士多德公民资格适用范围的分析,我们可以看出,能够获得

---

① [古希腊]亚里士多德:《政治学》,吴寿彭译,商务印书馆,1997年,第113页。
② 同上,第127页。

公民资格的人的数量在城邦中只是一小部分,通常只有具有如下条件,一个人才能成为公民。这些条件包括:男性,出身望族,战士,家长,家务事务的总管等。而这些是成为公民的形式上的规定,要想成为真正的公民还要有一些实质性的要件,这就是公民能够参与城邦的政治生活、分享城邦的治权。公民的本质不在于名义和资格,而在于他们的实际行为,这是区分公民与非公民的最主要的标准。看一个城邦存不存在公民就看在这个城邦中是否存在着参与城邦政治的人,如果有就说明这个城邦存在公民,如果没有这样一个团体则说明这个城邦没有公民,而不是看城邦的法律如何规定。所以亚里士多德承认"在变革后凡是获得这些法权的人们,实际上就必须成为公民"[①],而不应该再去计较他们在道义上应不应该成为公民。

尽管亚里士多德一直强调奴隶是自然的产物,只有父母双方都是城邦公民的儿女的自由人才是最正宗的公民,佣工和工匠因为从事贱业而不宜于参政等,对人获得公民资格进行了种种道义和伦理上的分析,但最终亚里士多德将是否正在参政作为衡量公民团体存在的标准,可见亚里士多德对政治现实的观察是多么冷静。

2. 城邦的政体与公民资格

在讨论了到底什么样的人可以成为城邦中的公民后,接下来我们要讨论的就是与公民问题密切相关的城邦政体问题。关于政体问题的研究在亚里士多德的《政治学》中占有大量的篇幅,是书中最主要的内容,体现了亚里士多德对现实政治的关注,他关于政体分类和保全政体方法的讨论,也真实地反映了亚里士多德写作《政治学》的目的。公民问题也是与城邦政体问题联系最密切的问题,政体性质决定了城邦中享有治权的人,而城邦中的公民也决定了政体的维系。在《政治学》中,亚里士多德将公民与具体政治制度结合起来谈公民问题和城邦政体问题,得出了如下几个结论:

首先公民或者公民整体可以选择并维护政体形式。由于公民属于统治集团的一个组成部分,公民有能力决定适合自己的政体形式。其次,尽管公

---

① [古希腊]亚里士多德:《政治学》,吴寿彭译,商务印书馆,1997年,第116页。

民具体的活动不尽相同,但是他们有共同的目的,那就是维护各自政体的安全,并保证社会全体的安全。再次,公民是否平等地享有权利是区分不同政体的标准:"政治识别的一个通例是:凡是不容许任何公民一律分享政治权利的应该属于寡头性质,而容许任何公民一律参加的就属于平民性质。"①最后,政体形式能够影响公民的存在及活动。比如在民主政体中是公民的人在寡头政体中就常常被排除在公民团体之外,对公民能够参与公共政治的规定最适合民主政体,对其它政体形式就不完全吻合。②

同对公民资格获得条件的分析一样,亚里士多德对政体问题的讨论既有对理想的政体形式的描述也有对现实各种政体的冷静的分析;既有对如何实现贤良政体的设计,也注重对现存各政体的保全方法的研究;将是否照顾全邦的公共利益作为衡量正宗政体与变态政体的标准等有关政体问题的讨论。这些讨论既体现了亚里士多德对现实政治的深切关怀,也表达了思想家关于理想的公民与政体间的关系的思考。公民可以决定政体的形式,但作为公民更主要的责任却是保全现有的政体。在政治权利的分配上也以城邦的目的为依归,

政治权利的分配必须以人们对于构成城邦各要素的贡献的大小为依据。所以,只有人们具有门望(优良血统)、自由身份或财富,才可以作为要求官职和荣誉(名位)的理由……除财富和自由外,正义的品德和军人的习性(勇毅)也是不可缺少的要素;人们倘使要共处于一个城邦之中,就应该个个具有这些要素。前两个要素为城邦所由存在的条件,后两个要素则为城邦所由企求并获知优良生活的条件。③

合乎正义的职司分配应该考虑到每一个受任人的才德或功绩。除了公民政治权利的分配依据对城邦的贡献外,公民等级的划分也主要依赖公民

① [古希腊]亚里士多德:《政治学》,吴寿彭译,商务印书馆,1997年,第194页。
② 吴玉章:《亚里士多德论公民》,《读书》,2000年第11期。
③ [古希腊]亚里士多德:《政治学》,吴寿彭译,商务印书馆,1997年,第150页。

是否能参与城邦的政治事务——"公民有几个种类而凡是能够参与城邦官职和光荣(名位)的公民是最尊贵的种类。"①

优良的城邦应该懂得照顾全邦公民的公共利益,公民资格的获得和公民政治权利的分配也应以城邦的福祉为归依。这种公民与城邦和谐共存的关系在亚里士多德的笔下再一次流露出来。

在讨论了什么是公民的本质,公民是一些什么样的人,这些问题之后进入我们视野的就是这样一个问题:什么样的公民可以称得上是一个好公民?

(三)亚里士多德的公民美德观

在第一部分的讨论中我们知道,城邦不仅是一个自然的存在,城邦还是一种目的性的存在,城邦的目的就是成就人们的优良生活,培养公民的德性。因此,评价一个城邦优良与否的标准也就离不开对公民德性的评价。在这里政治学与伦理学是一种一而二、二而一的关系。我们在这部分要回答的问题就是成为一个好公民是否意味着成为一个好人?成为一个好公民需要具备哪些德性或者说这些德性为什么具有政治性?为什么在具有美德的公民间还需要友爱精神将城邦联系起来?

1. 好人与好公民是否有相同的德性

好的城邦在于城邦中有好的公民,而好的公民意味着什么,好人的品德和好公民的品德应该相同还是相异呢?亚里士多德在《政治学》中专门讨论了这一问题。亚里士多德认为作为团体中的一员,公民对于城邦好比水手对于船舶,水手应有的品德就在于他们能够各司其职,各司其职的水手除了他们的专职品德外,还有一个共同的品德与目的就是保障航行的安全。"与此相似,公民们的职司固然各有分别,而保证社会全体的安全恰好是大家一致的目的。现在这个社会已经组成为一个政治体系,那么,公民既各为他所属政治体系中的一员,他的品德就应该符合这个政治体系。倘使政体有几个不同的种类,则公民的品德也得有几个不同的种类,所以好公民不必归于一种

---

① [古希腊]亚里士多德:《政治学》,吴寿彭译,商务印书馆,1997年,第128页。

至善的品德。但善人却是统归于一种至善的品德的"①,所以好公民不必人人具备善人的品德,但是在作为统治者这一特殊的公民部分,好公民的品德和好人的品德就应该是一致的。我们在前面提到过亚里士多德认为城邦政治家的治理体系不同于主奴关系的统治,就在于在这类体系中公民是轮番为统治者和被统治者的。统治者和被统治者的品德虽然相异,但是作为一个好的公民就应该既懂得作为统治者的才识,又懂得作为自由人如何接受他人的统治,这才是一个好公民应有的品德。②通过对这个问题的考察我们知道在亚里士多德的心目中好的公民应该是积极参与城邦生活,恪尽职守维系政体安全的,而城邦的可贵之处在于城邦提供了一个公共的领域,在这个领域中公民经由政治参与砥砺种种美德,实现优良的生活。

讨论到这里,又有一个问题产生了,我们说一个公民是好公民在于他有好公民的品德,城邦本身就是一个道德的存在,它的目的就在于实现公民的优良生活,培养公民的美德,既然"在城邦中,全体公民对政治人人有责(所以应该个个都是善人),那我们就得认真考虑每一个公民怎样才能成为善人"③。公民在城邦中的美德到底是指什么? 关于这个问题也是现代政治学领域讨论的热点问题,对这个问题的深入分析既是对亚里士多德公民思想深入研究的需要,也是对现代关于公民美德问题讨论的一种古典回应。

2. 公民的德性

在有关这个问题的认识方面,我们就需要更认真仔细地阅读亚里士多德的《尼各马可伦理学》,在该书中他对什么是人的德性、什么样的生活是最值得欲求的生活进行了大量的分析。在书中亚里士多德将人的德性分为道德德性与理智德性,道德德性包括勇敢、节制、正义等,而理智德性则包括理论理性和实践理性主要指科技之智、实践智慧、沉思生活等。我们之所以将这些德性与政治生活联系起来是因为亚里士多德认为这些美德只有在政治生活中才能得到锻炼和践行,而理想的城邦也就在于它能培养每个公民的这些德性。

① [古希腊]亚里士多德:《政治学》,吴寿彭译,商务印书馆,1997年,第120~121页。
② 同上,第124页。
③ 同上,第394页。

　　一个人具有德性,是与他践行这种美德联系在一起的,一个人是勇敢的人是因为他做出了勇敢的事;一个人公正是因为他做出了公正的事;慷慨的人在给予的行为上必定是慷慨的,德性是与德行联系在一起的。仅仅知道什么是德性还是不够的,我们还要努力获得它、运用它,以某种方式成为有德性的人,而只有在城邦的公共生活中我们才有可能践行这些美德。例如勇敢的德性是指"出于适当的原因、以适当的方式以及在适当的时间,经受的住所该经受的,也怕所该怕的事物的人"①。而公民的勇敢"最像是真正的勇敢"。"职业战士总是最先逃跑,而公民战士则战死在岗位上"②,而"那些在战斗中死亡的人,是勇敢的人,因为他们所经历的危险最大、最高尚"③。他们的勇敢不是出于强迫,而是出于高尚。勇敢在城邦中总是与公民战士的品德联系在一起。

　　以公正为例,在亚里士多德看来所谓公正就是守法和平等,不公正也就是不守法和不平等,他"把那些倾向于产生和保持政治共同体的幸福或其构成成分的行为看作是公正的"④。城邦的法律要求我们做出勇敢者的行为,不擅离职守,做出节制的行为等,在其它恶德方面,法律则禁止我们的一些行为。所以,亚里士多德认为公正是一切德性之首,因为它与人的交往行为有关,是对另一个人的关系上的总体德性,"具有公正德性的人不仅能对他自身运用其德性,而且还对邻人运用其德性……唯有公正才是对他人的善"⑤。亚里士多德将公正与法律和平等联系起来,所以产生于家庭成员之中的关系只能是类似的公正,而不是真正的公正,真正的公正只能与政治生活有关,分配的公正要求的是平等的人占有平等的份额,民主制依据自由身份,寡头制依据财富或出身,贵族制依据德性等,显然这种分配的公正是城邦的立法者的工作,而当出现不是依据人们对公共事业的贡献来分配各种权利或利益时,就需要法官来裁决这些不公正的行为,努力恢复平等,实现矫正

---

① ［古希腊］亚里士多德:《尼各马可伦理学》,廖申白译,商务印书馆,2003年,第80页。
② 同上,第84页。
③ 同上,第54页。
④ 同上,第129页。
⑤ 同上,第130页。

的公正。

明智在亚里士多德看来属于理智德性的一种，而且是其中最重要的一种，"是一种同善恶相关的、合乎逻各斯的、求真的实践品质"①，所有的德性都是明智的形式，"德性无明智则盲，明智无德性则空"②。而这种德性并不是每个人都能具有的，只有作为统治者的公民才有可能具有，亚里士多德认为伯里克利显然就是这样的政治家。也正是基于这一点，在《政治学》中讨论好公民与好人是否相同这一问题时，亚里士多德认为公民不必人人都成为好人，他们只要具有能胜任他们工作的美德就可以了，而作为一个统治者则要拥有这种实践的智慧，在统治者的这种实践智慧的指导下使缺乏实践智慧的公民产生一种信从，在参与政治活动中具备一定程度的美德。

勇敢、公正、明智等美德产生于政治活动中，而所谓伟大、崇高等美德，也与政治活动紧密相连，人们在政治活动中获得名声和荣誉，对许多人来说这种荣誉就是政治生活的目的。所以对亚里士多德来说这些美德已经不是一般意义上的人的美德，而是从事政治活动的人的美德，是政治性的美德。虽然亚里士多德在书中也提到了关于个人生活的美德，但是这种美德更像是一种达观的人生态度，"沉思"的生活对每个人是必需的，但这与政治生活并不矛盾。亚里士多德把政治美德与个人美德作了比较得出：政治美德与个人美德有着不同的道德目的——政治美德关注对自己和对他人都是善的东西，而个人美德关注的只是个人的善；政治美德高于个人美德，因为只照顾自己利益的人被看成是没有自己事情的人，只有在城邦是善的前提下才有个人的善，离开了城邦没有什么还能是公民自己的。③

3. 公民间的友爱精神

在具体讨论了亚里士多德这些具体德性的政治性后，我们有必要再讨论一下亚里士多德的友爱论的政治性，在《尼各马可伦理学》中亚里士多德专门用了两章的篇幅来讨论这个内容，可见这个问题在亚里士多德伦理思想中的重要性，这个问题也是我们了解亚里士多德公民美德问题的一个重

① ［古希腊］亚里士多德：《尼各马可伦理学》，廖申白译，商务印书馆，2003年，第173页。
② 同上，第189页。
③ 房德玖：《亚里士多德伦美德的政治性》，《山东教育学院学报》，2001年第4期。

点。亚里士多德认为人们在共同的生活中不但需要公正，而且需要友爱。"友爱与公正作为两个人之间的以及城邦生活的联系纽带，总是同时存在于特定的共同体中。"①

亚里士多德的"友爱"不同于现代意义上的友爱，"不仅包括我们今天所说的朋友关系，而且包括两个人之间的任何相互吸引的关系"②。这种友爱在私人交往，即我们对父母、兄弟、伙伴、朋友的友爱中的公正，被亚里士多德称为是"伦理的"。公民的友爱即对于一个一般的同邦人的友爱中的公正，称为"法律的"。公民的友爱以公民的身份为基础，这种友爱在根源上是平等的。"在'轮流执政'的民主政体下友爱与公正最多，它的治理基础是'同类的人'公民的平等自由身份，他们共同的东西是很多的，所以寻求分享同等的善和分担同等的义务。"③在涉及城邦公共资源分享的政治生活事务中，公民只要遵守共同的契约或默契，就可以和同样遵守规则的人有友爱；在城邦的经济生活事务中，这种友爱表现为公民们应讲求"回报的公正"，有互惠合作的善意。

友爱是一种德性或是包含友善这种德性，是生活必需的东西，是把城邦联系起来的纽带。"富人、贵族和平民这三方中间，如果有一方不公正地得到了较大的份额，它们之间的友爱就将'解体'，城邦也将面临解体的危险。这三方各自为城邦提供不同的东西……亚里士多德关心的是城邦公民之间的友爱能加强维系着城邦的这三部分公民的公正纽带。"④在亚里士多德那里友爱的政治意义在于它能减弱人们对个人私利的兴趣，而有助于自发地与他人分享外在的好处，从而能够极大地强调利益的一致性，而这种一致性正是政治社会的基础。

综上所述，城邦生活的那种亲密感和普遍性固然在许多方面形成了城邦理想所表现的崇高道德，但我们也必须承认城邦取得的成就是有限的，城邦生活有许多与美德相悖的缺点。经历了伯罗奔尼撒战争后，雅典的社会矛

---

① 廖申白：《亚里士多德友爱论研究》，河南人民出版社，2000年，第166页。

② 同上，第2页。

③ 同上，第175页。

④ 同上，第177页。

盾、阶级矛盾斗争日趋激化。而在希腊的每个城邦中,奴隶与奴隶主、富人与自由贫民之间的激烈斗争都一直持续着。城邦"很容易成为派系争吵和党派抗争的牺牲品,而这种抗争之激烈只有在亲友之间的争斗才能达到那样严重的程度"①。个体的个人身份和公民的公民身份之间的冲突,已经嵌入到了城邦大厦的基石中。亚里士多德当然也认识到城邦的理想并未实现过,他也对城邦提出过尖锐的批评,但他仍然相信城邦存在实现美好生活的一切条件,是实现较高级形式文明的唯一道德上的健全基础。他将城邦的秩序植入个人身上,人存在最根本的意义就是参与政治生活。公正或公道就是使人们获得在城邦生活中应有的地位和职位。公民的权利从属于他所任的职位。他着力强调的公民美德、公民德性,也是为了更好地维系政治共同体,化解共同体内部的矛盾。公民获得公民资格的标准;公民公正、友爱的德性都是为了城邦的善业服务的。所以他对城邦道德意义钻研得越深,就越将公民资格看成明确的特权,奴隶、妇女、工匠这种在他看来缺少德性的群体就越被排除在公民范围之外。城邦的公民权排除了大量城市人口,而且殖民地和附属国的大量人口也不得享有这种成员资格,致使城邦统治的合理性很难维系,国家的稳定受到了威胁。亚里士多德拒绝承认劳动者享有公民权,劳动只是国家存在的手段。"实际上,社会不能分成两半,其中一半仅仅是达到另一半目的的手段。每一个人都能够过一种对自己有价值的生活,国家的责任正是在于保证其最有教养的和最卑贱的成员的权利……任何人把人简单地分成国家的部分和国家存在条件的做法都是不公正的。"②

亚里士多德"对于希腊政治生活的洞察力是无与伦比的,但他的想象力却稍逊一筹。他凭空设想,如果一个小公社的每一个公民都相互认识并且有权选举自己的统治者和有权'轮流统治',那么这个小公社就可以有最完美的人类生活"③。历史的过程已经证明,"城邦的命运并非取决于它借以管理

---

① [美]乔治·霍兰·萨拜因:《政治学说史》,盛葵阳等译,商务印书馆,1990年,第36页。
② [英]W.D.罗斯:《亚里士多德》,王路译,商务印书馆,1997年,第275页。
③ 同上,第262页。

其内部事务的那种智慧,而是取决于它和其余的希腊世界的相互关系"①,而实际情况就是,城邦——太小、太好争斗——根本无法解决希腊世界的种种社会和政治问题。城邦的失败成为无法挽回的现实。

没有什么政治思想可以保证具有永恒的意义,即使伟大如亚里士多德,使思想产生意义的往往是每一时代面临的问题和当代人从中得到的思想启示。亚里士多德的政治思想在今天看来固然存在着一些不足之处,我们没有必要全部接受,但是正如英国著名亚里士多德学者罗斯所说:"亚里士多德的思想真谛已经成为所有受过教育的人的文化遗产的一部分,并且是相当大的一部分;亚里士多德的思想的谬误已经逐渐被抛弃,所以今天几乎不必进行明显的批判。"②

在有关政治共同体的起源、目的与人的本质的认识上,亚里士多德完全不同于近代的契约论者和功利主义者关于近代国家的认识。近代契约论者都尝试着解决这样一个问题:如何既要求政治共同体整体的权威,又坚持个人不可剥夺的自由平等权利。以洛克为代表的古典自由主义学者主张,为了克服自然状态的欠缺,更好地保护人们的人身和财产安全人们相互订立契约,人们自愿放弃自己惩罚他人的权利,把他们交给他们中被指定的人,并按一致同意的规定来行使,"这是立法和行政权力的原始权利和这两者之所以产生的缘由,政府和社会本身的起源也在于此"③。人生来就是人且在本质上天然平等,并且拥有种种私人的权利,人们组织政治共同体成为国家的正式成员——公民——的目的是为了保护自己的权利,而国家作为一种政治共同体通过法律保护公民的权利并强迫他们为达到保护的目的为国家尽种种义务。

而以边沁为代表的功利主义者在古典自由主义关于国家与公民关系的看法上又进行了新的阐发,"服从可能造成的损害小于反抗造成的损害"④是人们服从政府的理由所在,人们是为了自身的利益服从政府的,而政府也是

---

① [美]乔治·霍兰·萨拜因:《政治学说史》,盛葵阳等译,商务印书馆,1990年,第163页。
② [英]W.D.罗斯:《亚里士多德》,王路译,商务印书馆,1997年,第1页。
③ [英]洛克:《政府论》,叶启芳等译,商务印书馆,2003年,第78页。
④ [英]边沁:《政府片论》,沈叔平译,商务印书馆,1995年,第155页。

为了社会的利益而设立的。国家与社会相分离、公共领域与私人领域分开，公民参与公共生活仅仅是为了维护在私人领域的利益，国家成为有限意义上的存在。人的权益成为思考所有政治问题的出发点，公民仅仅是人的一重身份，这种身份本身并不具有内在的价值，更像是对人的其它身份的一种保护性的工具。

自由主义国家与自由公民在当代世界取得了前所未有的成功，亚里士多德关于城邦与公民和谐共存的论述已被人遗弃，亚里士多德强调的城邦重于个人的论点，更被冠以权威主义的恶名。但是亚里士多德作为古希腊政治思想的集大成者，他对城邦与公民本质的论述既是对整个古希腊政治理想的提炼和升华，又体现了作为一名睿智的思想家深刻的洞察力和非凡的理论想象力。在政治共同体与人之间这种不太自然的关系问题上，亚里士多德通过消弭两者关系的对立，实现公民与城邦和谐共存的政治理想永远在人类的政治思想史中占据着重要的一席，是人们在思考人与政治的关系问题时的一种理想的参照，在这个意义上亚里士多德的政治思想永远不会过时。即使在自由主义大行其道的今天人们也依然能听见亚里士多德公民理论遗产恒久的回响。①

亚里士多德对公民问题的另一个重要论述，就是公民是享有城邦治权的人，城邦的本质就是为了要维持自给生活而具有一定人数的公民团体，是一个自由公民的自治共同体。亚里士多德一方面强调了城邦先于公民重于公民的理由，另一方面又在讨论城邦的本质时提出城邦是自治的公民团体，公民和睦相处并参与公共生活，在对公共事务的参与中公民是自由的，并且亚里士多德一再强调政治统治不同于主奴之治和家政管理。他对公民概念的这种强调在一定意义上削弱了城邦的至上性，城邦在这个意义上成为了帮助人们展示自己本性的存在，人作为政治生活的主体的地位被提高了，在

---

① 在近代契约论思想为古典自由主义立论的时候，法国思想家卢梭就开始了自己关于公民理论的新的思考，这也是古典共和主义公民理想在近代的一个有力回应。卢梭的社会契约论思想与霍布斯和洛克的契约思想的不同之处在于卢梭社会契约在强调个人权利的同时，更强调个人与整体统一的一面，围绕着人性的自我分裂为公民与布尔乔亚的二元对立，重倡公民政治共同体。关于这方面的讨论详见高力克：《卢梭的公民观》，《浙江学刊》，2004年第4期。

整体主义的框架内渗入了某些人本主义因素。这是他成为西方较为开放、进步和理性主义政治传统的先驱。

而且在《政治学》中亚里士多德还提出了与自己的老师柏拉图关于公民问题——"城邦的一切应该尽可能的求其划一,愈一致愈好"①——的不同理解,亚里士多德认为"城邦不仅是许多人的数量的组合;组织在它里面的许多的人又该是不同的品类,完全类似的人们是组织不成一个城邦的"②,适度的差别和变化才能创造真正的和谐(城邦预设了多元,承认多元的和谐社会)。"自由平等、个人权利、乃至特立独行这些现代的政治观点都能在亚里士多德的政治社群滋长繁荣。"③

城邦是公民有共同目的的群居,是以理性言说与他人互动的领域,在这里权力的争夺被摆在一边,私利的计较退居其次,作为自治社会的自由公民,人们平等互治,努力营建一个公平正义的社会,在这种生活中道德德性与理智德性得以充分培育,这种政治生活的理想即使在今天也仍是人们所欲求的,这也是亚里士多德的政治思想即使经历数千年之后的一种可能的贡献。④

综上所述,亚里士多德在处理人与城邦的关系时,将城邦看作至善的人类政治社群,将人看作天然趋向城邦生活的政治动物。城邦的生活对人来说是最高的善,优秀的公民品质是人类最卓越的品质的一部分。他将获得公民身份的条件,公民对城邦政体所应尽的责任,和公民应具备的品德与城邦的存续联系在一起。亚里士多德通过消弭人与政治共同体的对立,追求人类优良的生活的实现。亚里士多德关于城邦的道德性质的认识已经被现代的国家观念所取代,他主张的人只有参与政治生活才能获得优良生活的假定,也早已被人抛弃。但他对人类实现优良的社会生活所作的思考,对政治就是公民间平等的"轮番为治"的认识,对保持政体稳定和繁荣所需的公民美德的分析,在今天看来仍然闪烁着惊人的智慧与人性的光辉。

①② [古希腊]亚里士多德:《尼各马可伦理学》,廖申白译,商务印书馆,2003年,第45页。

③ 许纪霖主编:《共和、社群与公民》,江苏人民出版社,2004年,第159页。

④ 同上,第165~168页。

二、古罗马与中世纪时期的公民与国家观念

亚里士多德的思想试图调和公民与城邦的分歧，将城邦看作实现人类本质的场所，成为人类思想史上关于公民与国家关系的一种最为重要的解释资源。然而现实的政治发展是城邦最终未能实现这一目的，公元前322年亚里士多德的逝世标志着一个时代的结束，古希腊的城邦开始衰退，"作为政治动物，作为城邦或自治的城市国家一分子的人已经同亚里士多德一道完结；作为一个个人的人则是同亚历山大一道开始的。这个人既要考虑如何安排他自己的生活，又要考虑同他人的关系"①。柏拉图和亚里士多德宣布的城邦理想同城邦的衰落，在整个政治哲学史上与后代形成了鲜明的对照。

城邦衰落后，人们不得不学会以新的社会联合体的形式生活在一起，这种联合体比城邦大得多，人们必须学会单独过生活。宗教帮助人们适应这种生活，在这一过程中，一种个人的内在性意识开始形成一种自觉，人们正在缓慢地塑造自己的灵魂。人们意识到自己的孤独和渺小，也意识到了自己是人类的一员。在过去的城邦中公民资格由出生地决定，而此时可以同时获得若干城邦的公民资格。个人概念开始得到发展，个人既指个人和私人的生活，也具有了普遍性的意义，个人也指全体人类中的一员。在城邦中个人是公民，其重要性取决于其社会地位，而此时，个人在广大的世界中很难起到重要作用，但个人可以宣称自己不可分享的独特价值，也就是他可以提出一种固有的权利要求，一种使自己的人格受到尊重的权利。这种新的观念认为人是平等的，甚至奴隶和异邦人都是平等的。新的社会形态要求它必须为世界设想出一种法律，一种全面的法律，用以代替城邦中传统的法律。有关人权和正义的法则被纳入到了欧洲各民族的意识中，自由公民权的理想经过改造适应了这一局面，其中担任公职和执行公职不再像亚里士多德的公民权中那样占有绝对的地位，但是作为一种法律权利和地位的观念开始出现，这些权利表明国家要提供某种保护，这种思想被一直保存了下来，在人类的

---

① ［英］威廉·塔恩：《希腊文化》，陈恒、倪华强译，上海三联书店，1952年，第79页。

历史上一直得以延续。

罗马人虽然生活在希腊边缘地区,但也是典型的城邦,生活经验与希腊人相近,但他们在面对法制时,成功地避免了希腊人法治精神的弱点,最终战胜了希腊人,建成与希腊不同的罗马共和国,成为希腊之后西方的中心,也成为之后思想家不断溯源的重要思想资源。

罗马虽为城邦,但罗马对公民资格和公民权利所持的看法却与希腊人不同,其对公民资格的认定也经历了由共和制向帝制的转变。

(一)罗马时期的公民观念

1. 共和时期公民资格的扩张

公元前510年罗马王制结束,共和开始。贵族开始统治平民,贵族阶级为巩固特权越发封闭,成为排他的等级,权利方面严重的不平等使得贵族和平民之间的矛盾越发激烈,平民在争取土地和取消债务奴隶方面与贵族激烈斗争,同时在政治上也强烈要求提高自己的地位,要求保障人身自由和合法权益。平民斗争最重要的武器就是宣布撤离罗马,经过几次撤离运动,平民逐步获得一系列权利包括:平民可以拥有护民官,平民获得了可以担任国家一些官职的权利,平民享有了上诉的权利。这些权利的享有是经过长期斗争得到的。最终,平民在政治上和法律上争取到了与贵族平等的权利,在法理上成为共和国的主人。在《十二铜表法》中,公民被划分为五个等级,对公民权利义务作了明确规定。这些举措调整了罗马内部的关系,扩大了共和国的基础,公民资格不断向外扩张,罗马的力量逐步得到加强。

到了公元前3世纪和前2世纪这段时期,罗马国家对外扩张发展得异常迅速。国家急剧地扩张给罗马的政治、经济、社会和文化方面带来了深刻的影响。为调整罗马公民与外邦人之间的矛盾,以调整罗马公民与外邦人之间关系为内容的万民法得以诞生。罗马将新征服的邻近地区的城市公民授予完全的公民资格,享有完全的政治、经济和法律权利。对许多拉丁城市公民授予二等或有限的公民资格,享有经济和法律权利,而不享有政治权利。这样,罗马将公民资格作为国家建构的工具,一定意义上实现了共和国的整合。随着罗马武力征服的扩张,罗马开始实施志愿兵役制,实现了由公民军队向职业军队的转变,这进一步加强了罗马的实力,过去意大利人不甚重视的罗马公民资格开始受到格外关注,取得罗马公民资格就意味着一种人身资格的保护,政治经济权利在公民间分配,并且罗马公民的社会地位也不断提高,保护公民免受各种侵害的法令不断颁布,使得罗马公民资格成为受羡慕的对象。

经过意大利战争,最终意大利人获得了罗马公民资格,这一举动改变了整个意大利的政治面貌,小国寡民的时代远去,统一的意大利开始出现,罗马人和意大利人的感情开始融合,意大利人将罗马看作自己的祖国,罗马人也放弃了狭隘的民族意识。社会战争带来了政治团结和法律统一,扩大了罗马社会的基础,数十万意大利人获得了罗马的公民资格,但也冲击了罗马古代社会的基础,共和国的机构很难应付日益复杂的局面。意大利各民族成为罗马公民后,很快地表现出对自己城市利益的关心,共和观念日益淡薄。

到公元前1世纪,罗马共和国无论在疆域上还是在社会结构上都发生了重大变化:大量地授予公民资格,并改组了元老院,社会各阶层都突破了公民资格的限制,客观上扩大了统治基础。"公民资格授予的人越多,自足的小规模的政治就越难以维系,而与这种小众规模政治共生的德性公民资格在政治日益突破小规模的藩篱之后的崩溃已经拉开了序幕,公民资格与德性相脱离,意味着道德共同体的崩塌,也为以后公民资格变为中性的普适性标识提供了可能。"[1]

与罗马共和国公民资格的不断扩充相比,罗马取代希腊的一个重要原因还在于罗马的法律。罗马将公民资格授予外邦人,但由于缺乏代议制度,实际上外邦人很难履行参政权,但所有外邦人却都生活在罗马法律的统治下。罗马的法律不像希腊那样,只限于狭隘的境界内,而是变为了团结散居各处公民的纽带。罗马人最终战胜对手控制地中海世界,不仅是由于其军事技术,也因为罗马开明的殖民政策使得罗马拥有众多忠诚的子民,普世的法治思想首次实施。

---

[1]　储松燕:《个体与共同体——公民资格的演变及其意义》,中国社会出版社,2003年,第83页。

2. 罗马帝制时期普世化的公民资格

进入帝制后,皇帝凌驾于共和国宪制之上,大量奴隶变为了平民,平民既没有责任感和义务感,对政治事务也极其冷淡,公民资格越来越失去了与政治参与相联系的功能,公民资格成为一种进行社会控制与社会和解的工具。公元212年,《安东尼努斯敕令》授予帝国所有的臣民以罗马公民资格后,罗马帝国内部自由民之间公民与非公民的区别消失了,自由民之间产生了私人之间的平等关系,市民法和万民法之间的区别也消失了。罗马的公民资格在政治一体化的基础上实现了普遍化,罗马帝国的统治在被征服者眼中也被合法化了。

不过罗马帝国的公民资格在被大范围授予后,罗马公民所具有的含义也发生了变化,这时的公民观念更接近于臣民概念,它是一种自由民享有的人身保护权,对大多数罗马公民而言,公民资格是一种法制系统中司法上的保护权,而不再是一种献身于政治的特殊的社会地位了。罗马法明确规定了,第一,公民资格授予公民特殊权利。在共和国时期这种公民资格被看作创造社会和政治的联合,在帝制时期用公民资格作为团结整个罗马国家的工具。公民身份在这时是一种地位,表达着一种法律权利,这种法律权利给人带来人身保护的好处。第二,公民资格也是一种道德要求,它向每个公民提出他对国家负有的义务和承担的责任。第三,公民资格代表着一种特定的阶级文化,公民知道自己是谁,及自己的权利和义务,能将自己放在与罗马人平等的社会和法律地位上,也意味着司法和公法特征上的特权。第四,公民资格保证负责任的政治和军事权利。[①]

在从共和制过渡到帝制的时期,公民观念所暗含的政治层面的含义逐渐弱化了,但公民在民事层面的权利则得到了保留并逐步强化。在帝制下,整个罗马的公民资格仍然强调义务的优先性。几百年间,罗马为公民资格构建了连贯的内涵,理想的共和国中公民资格的观念强调义务是接受法律和公民特权的基础,承认公民资格就意味着要履行为共同体的义务。和雅典不同,罗马从不试图创立民主的形式,仅仅将公民资格看作一种工具和手段,

---

① 储松燕:《个体与共同体——公民资格的演变及其意义》,中国社会出版社,2003年,第85页。

用这种工具使罗马人形成一种普适的身份和心理归属。希腊人从未使他们的观念超越自治城邦的范围，所以公民资格是封闭的，而罗马帝国则借助赋予公民资格这一工具实现了形式上的统一，罗马不提倡公民的参政，但却为公民提供法律体系中的消极自由，赋予并保护不享有或不完全享有政治权利的公民以人身自由和贸易自由。

3. 西塞罗的公民与国家

马尔库斯·图利乌斯·西塞罗是罗马共和国时期重要的思想家，许多评论家认为他是一个浅薄的涉猎者而非严肃的哲学家，而在我们看来，西塞罗的学术价值并不在于他对哲学的实质性问题有独到的见解，而在于他对活跃在他那个年代的各派希腊哲学学说的详细解释，他总是试图使相互冲突的学说综合起来，使它们适合当时罗马人的口味和需要。我们在试图了解古罗马时期的公民思想时也非常有必要了解一下西塞罗的有关思想。

西塞罗在其著作《论共和国》中，首先要解决的问题是最好的生活方式是什么，以回应当时罗马存在的伊壁鸠鲁主义。当时盛行的观点强调"我们必须摆脱政治事务的束缚"。而西塞罗出于对共和国关心的使命提出"美德的存在完全依赖于其运用；其最崇高的运用是管理国家，是哲学家们站在自己的角度絮絮不休地给我们讲述的那些东西在实际上而不是在口头上的实现"①。政治生活是人在世俗生活中所承担的义务，人们有义务投入到为国家的服务中，所以最好的生活方式是投入到政治生活，投入到国家生活中。那么最好的政治制度国家又意味着什么呢？"国家是全体国民的事情。但一国之民不是以随便的方式集合而成的随便的人群，而是根据一致同意的正义原则结成的大量的人的集合体，是以公益为目的的合作关系。"一旦国家失去正义和公益，那么国家就不再是国家。国家是自然的，这种自然体现在实现幸福和善良生活是国家的本质要素。国家不是人类本性弱点的产物，即国家提供基本的生活保证。国家是人们受到自然本性的驱使而寻求伙伴关系的产物，它赋予人社会精神。因此，西塞罗认为国家是自然的产物，在这一点上他同亚里士多德是一致的。

---

① ［古罗马］西塞罗：《论共和国》，沈叔平、苏力译，商务印书馆，2013年，第2页。

在有关公民问题的认识上,西塞罗则同亚里士多德不同。在亚里士多德看来,只有在同等的人之间才存在自由公民的关系,人不是平等的,所以公民权仅限于小部分人。而西塞罗认为由于所有的人都服从法律,所以他们都是公民,而且必然是平等的。这里的平等并无政治民主的含义,只是一种道德上的平等,每个人都享有某种程度的人类尊严,人应该作为目的而非手段。所以,西塞罗更接近千年之后的康德,而非亚里士多德。

尽管西塞罗仍然强调国家的自然属性,但从对公民的理解出发,他认为一个国家,除非它依赖、承认并把它的公民结合到一起的相互义务和对权利的相互尊重这个意识得以实行,否则国家是不可能长久存在的,即使存在充其量也只能是处于软弱无能的状态。国家是个道德集体,是共同拥有该国家及其法律的人的集团,是"人民的事业"。"共和国是人民的事情:人们并不是以任何方式相互联系的任何人的集团,而是集合到一处的相当数量的这样一些人,他们因有关法律和权力的一个共同协定以及参与互动行为的愿望而结合在一起。"①因此,国家是一个法人团体,这个团体的成员身份是它的全体公民的共同财产;国家的存在可以把相互帮助的公益和公正的政府提供给其成员。归纳起来西塞罗的国家观念包括:一是国家的权威来自人民集体的力量;二是正当而合法行使的政治权力才真正是人民的共同权力;三是国家本身和它的法律永远要服从上帝的法律或道德的或自然的法律,国家的暴力只有在其使用符合公正和正义的原则时才是正当的。西塞罗有关国家权力的认识,即权力来自人民这一点只应通过法律的保证来实行,并且只有在道德的基础上才被视作是正当的。这一观念在被西塞罗总结后的短时期内就获得普遍的承认,成为千百年来政治哲学的常识被人们继承。②

综上所述,我们可以说,罗马的公民观念与国家观念仍属于古代国家与公民观念的范畴,无论是国家还是公民都侧重强调其道德维度。国家对公民参与政治生活给予鼓励,个人的首要义务是对国家负责尽义务,而国家存在的目的在于培养公民的美德。希腊被罗马征服成为罗马的行省,但希腊精神

---

① [古罗马]西塞罗:《论共和国》,沈叔平、苏力译,商务印书馆,2013年,第25页。
② [美]乔治·霍兰·萨拜因:《政治学说史》,盛葵阳等译,商务印书馆,1990年,第199页。

却征服了征服者,罗马文化是对希腊文化的传承。古希腊的公民思想意味着公民属于城邦,那么罗马的公民思想则表现为建立在法定权利和义务之上政治共同体的成员资格。罗马与希腊相比在包容性方面进了一步,在民主性方面倒退了一步,但从整体上看,罗马的公民与国家观念仍是对希腊的继承和发展,都将好公民的标志定义为有德性,能献身和服务于城邦,都将共同体作为展示人性的舞台,都将对国家的义务放在首要地位,强调公民和国家的道德至上性。与古希腊相比,罗马重视法治建设,以明确的法律规定了公民的法律权利、政治权利和一些社会福利权利。随着帝国疆域的扩大,罗马无法克服公民平等权利和共同体规模扩大的难题,使得到帝国后期,公民逐渐沦为臣民,而公民身份中蕴含的平等精神已深深印入西方文化传统中,随着近代的到来这一观念再度繁盛并找到了解决之道。可以说,希腊和罗马共同构成了古代世界文明。

(二)中世纪时期的国家和公民

罗马帝国在奴隶制和不断的对外扩张中,帝国版图不断扩大,帝国同城邦不同,帝国不能有效地提供精神慰藉,人们在帝国中寻求人身保护,却在帝国的形式之外寻求精神寄托。在生产力水平低下的条件下,对神的信仰成为解释世界,获得精神安慰的有效办法。在当时的宗教看来,整个帝国就是一个城邦,所有人都是神的儿子,同时同一个世界的公民,都在同一个神的法律下得到护佑,到了帝国后期这一思想更加兴盛。希腊以来人们对理性、对哲学的思考开始让位于宗教信仰,世俗的道德开始让位于终极的关怀,吸收了希腊文化成果的基督教在帝国范围内迅速传播,影响日益扩大。在公元313年,东西罗马帝国的君主君士坦丁和奥古斯都联名发表了著名的《米兰敕令》(又称《宽容敕令》),确立了宗教信仰自由,此后,基督教成为了统一帝国的基础,成了伦理生活的源泉。到390年罗马皇帝将基督教奉为罗马国教,以此维系人们对罗马的归属感,罗马开始建设新的效忠和义务系统。但是随着罗马帝国内部矛盾和外部矛盾的不断加剧,以及僵硬的等级制、官僚政治、义务性和世袭性的职业行会等,罗马一直主张的平等、自由和公民人格等观念不断受到冲击,不断从道德上开始限制个人权利,罗马帝国不可避免地走向衰败。

1.奥古斯丁的"双城"与"双重公民"

公元476年罗马帝国彻底解体，希腊罗马文化遭到破坏，欧洲政局一片混乱。在这时基督教会作为一个文化共同体，势力变得日益强大，为人们提供了信仰和心理上的归属。基督教作为一种生活方式趋于完善，取代了欧洲延续上千年的多神教道德和社会生活方式。这种生活方式不再强调对共同体的忠心和服务于国家，而是强调对自我和对教会同道以兄弟姐妹般的关照和仁爱。基督教也反对积极参与世俗事务的有责任心的公民生活，强调人们对精神生活的冥想和独自沉思。

与罗马传统对家庭、政府的忠诚观念相反，基督徒将忠诚献给了社会——政治共同体之上的上帝，并且上帝最终控制了国家和政府，上帝渗透进人们的生活领域，改变了整个世界。在这个时代对公民资格的强调有了新的含义，"上帝之物归上帝，凯撒之物归凯撒"，人们同时具备了两重身份，即现世的公民身份和天国的公民身份。好的基督徒也是好的臣民，应该在现世恭顺教会和政府，在彼岸享有平等的荣耀。这一理论奠定了人们现世的行为基础。奥古斯丁成为当时对这一理论最著名的阐释者。

奥古斯丁根据新的形势，成为当时第一个阐释公民社会问题的著作家，奥古斯丁努力使哲学适应基督教的需要，试图融合基督教《圣经》和古典哲学这两个一直互不相干的思想源泉。

奥古斯丁一直是作为神学家而非哲学家在从事著述活动，强调信仰的重要性，信仰高于知识是生活的准则和指南。哲学是为信仰服务的，可以将哲学看作一种工具，用以弥补神启的不足。所以奥古斯丁的著作具有公认的神学特征，但其著作中也包含了大量严格的哲学性质的思考。

奥古斯丁的思想既根植于哲学传统，也根植于圣经传统。在有关公民与国家的论述中，他认为人天生是社会动物，独赋语言能力，能借助语言与他人交往，形成各种人际关系。因此，人只有通过与同胞交往并同他们结成政治共同体，自身才能得以完善，即使在蒙昧无知的状态中人也会趋向于寻求同伴。标志着公民之为公民的独有特征是正义。正义是公民社会的基石，是人类社会统一和尊严赖以存在的基础。没有和平、没有"稳定的秩序"，任何社会都不可能繁荣,甚至不可能存在。奥古斯丁同意西塞罗的观点,认为国家是通过共同承认公道和利益一致性而联合起人群。奥古斯丁坚持认为任何国家都不可能没有正义而得以治理。在关于国家将正义作为本性上,奥古斯丁与此前的柏拉图、亚里士多德和西塞罗相同,他们之间的分歧主要表现在,奥古斯丁认为这种将正义视为城邦生命的观点在现实生活中是不存在的,现实的城邦往往以不正义为特征,正义在实践中是不可能的。所以,有必要以更加高级、更加纯正的正义形式来补充人类的正义。灵魂统治肉体,理性统治欲望,上帝统治理性,所以正义的美德只能来自上帝。人们背叛了上帝,现世的统治只能是避免人类作恶,所以这种统治不可能实现正义的美德,要想实现国家正义的本质规定,必须要用基督教来加以拯救。

基于这种对现实生活和上帝的理解,奥古斯丁将城邦进行了区分,上帝之城是上善和精神性的隐喻,人之城则代表着邪恶的趋向和物欲,上帝之城是天堂,人之城是此世。两个城市是混合的,直到末日审判时才分开。上帝之城必将战胜人之城,基督徒的理想国不在人世而在天国。奥古斯丁深信人类正义的获得只能通过天启的宗教力量才能实现,而不是依靠人自身,所以基督教必然会建立一套不同于传统形式的控制人们忠诚与服从的逻辑体系。现世没有能与上帝之城相等的存在物,上帝之城不受时空限制,所以人的本质也具有双重性。人既是肉体的,又是精神的,既是此世的公民,又是天国的公民。人的一生就是人的利益的区分:以肉体为中心的世俗利益和专属灵魂的天国利益。在这一观念的影响下,人们越来越多投入深思的生活状态而越来越少地参与政治生活。人们更多地投身于精神和私人事务,经济和社会的压力也使人们更加依赖于宗教组织和宗教领袖。这种有关公民观念的发展与传统的强调公民美德和公民德性的传统发生了对抗,这种发展态势也意味着私人事务开始从公共事务中分离出来,社会公共领域开始逐渐从公共领域中分离出来,这对后世产生了重要影响。①

奥古斯丁的双城论融合了希腊罗马的古典文化和基督教文化,成为中世纪占统治地位的信仰文化的根基,并以此培育与之相符的天国公民,而将

---

① 王彩波主编:《西方政治思想史》,中国社会科学出版社,2004年,第85~92页。

现实生活中的公民打入冷宫。虽然奥古斯丁仍然认为理想的国家是正义美德的化身，但他也提出了一个重要的观点，就是将理想国家与现实国家进行区分，现实国家被看作一种必要的恶，他认识到了现实国家的不完善性及其功能的有限性，这对近代以来的政治思想具有重要的启发意义。

2. 封建国家与臣民

在早期教父们的努力下，基督教将宗教权力与世俗权力区分，并强调在保持各自权限的条件下教会与政府互相帮助，并把人们的忠诚和服从在两种统治权力之间进行了分割以实现"一仆二主"。公民个体也在属性上进行了二分，在世俗权利的思想上加入了基督教的服从义务，在国家公民的身份之上又加入了天国成员的身份。而现实是基督教往往逾越自己的边界成为与世俗权力并驾齐驱甚至凌驾于世俗权力之上的权力。由此导致的教会与国家之间的权力分歧延续了整个中世纪的历史。

虽然基督教在中世纪在精神上占据了主导性的地位，但在现实的政治实践中封建制度却成为中世纪的主导型政治结构，就像城邦在古希腊占据主导地位一样。封建的政治结构，它是建立在军事领主与其封臣的相互关系基础上的。封臣们替领主征战，作为回报，从领主那里获得土地。然后在获得的土地上实施地方自治，并且要求他们的附属也履行各种义务。封建制度带有"义务"和"忠诚"的概念，它完全是人为的、等级性的，其中不存在法律平等，森严的等级就是一切。实际上，农奴和佃农被当作财产的一部分而不是被当作统治者来对待的。

就这样，拥有地产的人也拥有政权，封建领主与封臣之间的契约取代了国家政权，构成了松散的政治版图。欧洲中世界封建制度的关键在于，"在一个往往接近无政府状态的混乱时期里，大的政治和经济单位不可能存在"①。在每一个小块封地内，垂直的领主——封臣关系根本不可能产生独立的个体的平等，而是形成严重依附于土地的层层依附关系。

僧侣、贵族和农民构成了中世纪三大社会阶层，僧侣负责祈祷，贵族负责战斗，农民负责耕种，整个社会建立在农奴的劳动上，农奴既有义务，又有

---

① ［美］乔治·霍兰·萨拜因：《政治学说史》，盛葵阳等译，商务印书馆，1990年，第258页。

公认的权利。农奴受到保护拥有一小块土地,以维持自己和家庭的生活,作为回报,他也必须耕种领主的土地,为封建领主做家务以及其它农活,并将自己收入的一部分交给领主。国王和农奴之间隔着数级领主,但在形式上,农奴和封建领主一样,成了国王的臣民。领主—封臣关系强调封臣对他的领主应有的效忠和尊重,从而使得下级封臣的忠诚离开了国王转向同自己更接近的领主,国王并不能得到全部各级封臣的效忠。由此,在世俗世界里,并没有在统一的地域范围内人们共享的平等权利观念。领主—封臣的关系就是基于土地占有基础上形成的一种契约性财产关系,契约双方为各自的利益而相互合作,彼此之间的保护——效忠义务永远都是相对应的。封臣对财产的世袭权利等于对某种特定的公职的世袭拥有;而此外,该公职的义务又是附着于财产权的。这样,作为占有物的公职权力一方面表明私人的权利和公共权力之间没有什么区别,另一方面表明基于占有物的特权并不是对公共权力的某种平行的共享。[①]正是这种国王与领主之间的财产依附关系,使得在中世纪政治舞台上欧洲小国林立,君主与领主、封臣之间的矛盾不断,教会与世俗权力之间的争斗越演越烈。教会在发展自身的过程中,也出现了异化的倾向,开始积极介入世俗权力,教会出现的堕落和腐朽现象也直接导致教会地位的下降,君主权力在与教权的争斗中取得优势地位。在政治舞台上教权与王权不断争斗的同时,法治精神和契约精神却在欧洲大地上以新的面貌重新出现。

3. 阿奎那的自然理性与国家

13世纪的欧洲,基督教开始由盛转衰。阿奎那就生活在教皇与国王一比高下的地方,阿奎那将一生奉献给了基督教的神圣事业,一方面继承了教父哲学的某些原则,另一方面则深受亚里士多德哲学的影响,成为中世纪晚期基督教思想的集大成者。

在信仰与理性的关系上,阿奎那认为基督教神学源自信仰,哲学源自理性,但信仰和理性并不必然相争。人人都可以通过自然赋予的理性能力去认

---

① 储松燕:《个体与共同体——公民资格的演变及其意义》,中国社会出版社,2003年,第91~102页。

识上帝,但由于理性的不完善还需要借助神启才能完成。所以,信仰和理性是相辅相成的,人的理性属于自然,人首先通过自然理性去认识,依靠信仰和天启来帮助认识,但这种赋予是以自然理性为基础的。自然和理性相辅相承、理性和信仰的彼此独立是哲学与神学存在的根本原因。阿奎那在中世纪第一次肯定了哲学有独立于神学的地位,为近代理性的发展开辟了道路。

阿奎那以亚里士多德的城邦学说为基础,解释了国家与公民学说。与所有其它动物相比人尤其是政治和社会的动物。社会对人来说是自然的,是人的本性所倾向的,是人之本性完善所必需的东西。自然赋予人理性、语言和双手,人以此自足。但个人的力量是不够的,家庭也不能独自提供一切,所以人需要社会,真正满足人的生活形式只有国家。

国家是人性的产物,国家也像人一样由许多不同的部分构成,每一部分都有自己独特的作用和功能,每一部分都有自己的欲望和激情,所以对一个国家来说最要紧的是要有一个统一的权威,依据权威来保护整体利益。政治权威是国家必不可少的,所以政治权威也是自然的,它以全体公民的利益作为自己的目标。

国家的目的首先是维护各构成部分的秩序和和平,但这只是最低目的,是其存在的最低条件。除此之外,国家的目的是要促使公民过一种有德行的生活。低层次的德行生活是指人们服从同样的法律,并受政府的指导生活充盈,高层次的生活是指人们能普遍享受上帝的快乐。为了实现国家的目的,国家必须具备一定的职能。国家的职能就是建立一个正义的政治秩序,另外要靠成员的普遍善举。所以国家职能既是一种保障制度,也是提倡基督教伦理道德的手段。

阿奎那肯定了世俗国家的重要地位,在他生活的年代,教会与王权进行了激烈的争斗。阿奎那认为王权与神权之争的关键在于确定二者的权力界限,而非简单地用一方压倒另一方,世俗王权就世俗事务进行统治,教会就精神生活进行引导。阿奎那对国家的认识同前人的不同之处在于,不再用全能的上帝观观察世俗生活,而是承认国家的合理性,用人的眼光去说明国家,根据国家目的的限制,全面论述了国家的有限性。同古希腊的城邦相比,国家不是全能的,国家的功能、目的和手段都是有限的,国家只能实现人的部分快乐,有许多功能是国家无法做到的。

在整个人类历史的长河中,阿奎那的国家观念为近代国家观念提供了极富启发性的思想因素。国家既是必须的又不是万能的,国家只能以有限的姿态出现。这表明国家的功能、目的是有限的,所行使的权力也应该是有限的。上帝之城对世俗国家的限制,为国家的活动划定了范围,全能主义的国家开始逐步走向现代有限国家, 这种基督教的国家观是国家观念发展历程中的一个必要的过渡。①

4. 中世纪晚期的国家、城市和公民

欧洲早期几乎全部是农业社会,在11世纪后期,欧洲的城镇开始发展。这些城市都是独立自主的商业实体,不受封建权利义务关系的束缚。中世纪的城市与古希腊城邦不同,其人口主要由工匠、商人组成。随着城市商业的发展,城市人日益渴望自治权。传统教会势力与新兴商人等群体的利益发生冲突,围绕税收、罚款等问题进行斗争,产生了有关义务如何在共同体中分配,世俗群体如何分配责任等问题。在中世纪早前,我们说公民观念被臣民观念取代,那么在这时的城市,公民观念则开始逐渐复兴,人们渴望获得共同体的承认,渴望通过获得公民身份而享有权利。商人的身份给城市提供了物质繁荣,公民的身份赋予商人以价值。“城市的空气使人自由”,城市不问人的出身,只看在城市中的处境,人们在城市中获得人身自由、思想自由甚至政治自由。城市逐步变成了由友爱精神和自由精神支撑起来的城邦。人们为着共同的利益进行协商,组成自治联盟,人们都受到保卫共同和平、维护共同自由、服从共同首领的约束。在这一时期古希腊和罗马文化也开始复兴,罗马法为新兴的城市公民身份提供了理念、目标和术语,其中最重要的是用罗马法提供的术语来说明责任(义务)和好处(权利)。

城市的公民需要交税,成为或不成为一个公民需要政治权利和金钱成本衡量来慎重决定,在13世纪的欧洲城市也确实有人因交税而不愿获得完全的公民地位。城市试图通过公民的支持来创造有效的治理制度和对抗战争、饥荒与社会不稳定。这些要求迫使人们构建共同体活动:建城墙、教堂、

---

① 王彩波主编:《西方政治思想史》,中国社会科学出版社,2004年,第95~102页。

创建文化和道德支持。城市的动员反对了外来的危险并发展出一套公民合作的道德和反映城市与其公民互惠义务的公民资格法律，而支撑城市共同体这一切的必要条件是商人及其创造的财富。

在中世纪的城市中，宗教是团结一切的力量，宗教仪式和政治仪式合而为一，通过各种仪式公民学习城市的有关历史，培养公民成为有修养的城市人，使城市的个人由自治政权塑造，城市的公共生活把公民紧密地结合在一起。随着中世纪后期的城市逐渐成为自治政府，城市开始与宗教团体发生冲突。从14世纪开始，效忠城市意味着服从一套新的物质主义的世俗的道德法典。在这个过程中，个人从基督教行为模式中剥离出来，把对城市的义务放在首要位置，在完成一般公民义务时，公民被要求把物质公共善放在自己和家庭的善的前面，其基本前提是假设每个忠诚的公民都有责任感，都有为共同体的善而牺牲的意愿。公民的个人意志使他在公民角色中打破传统渠道而支持新的城市。中世纪对个人意志的强调代表着对古代世界公民和公民观念的修正。

古代希腊和罗马过于强调共同体的价值而忽视了个人的价值，在中世纪虽然共同体仍然影响并支配着个人，但程度已经不同。新思想、新价值和客观现实改变了人们的效忠对象。在基督教的影响下，个人意志开始萌发，个人开始有了选择的可能性。中世纪欧洲商业的发展使得人们开始用法律的和量化的术语来思考效忠之类的事情，理性的内涵发生了转化，过去理性被认为是发现世界本源的能力，而到此时理性逐渐转变为一种计算自身利益的能力。人们不再盲目地效忠于城邦、共和国或上帝，人们的效忠行为开始依据于对行为的实际后果的理性计算，城市为公民提供种种保护，公民提供对城市的义务。公民资格成为城市政府创造和培养的情感状态和道德状态。在威尼斯和佛罗伦萨等城市共和国，公民既是参与城市公共事务的积极公民，又是接受共和国政治家族和教会统治的消极臣民，他们的行为由包括基督教、教会、家庭、社会责任等共同调节，所以此时的公民观念仍然是以公民义务为主，是顺从接受型的被动公民。

中世纪的政治环境决定了公民观念的本质是服从和义务，具有很大的地方性。当时的国王们从未在国家的层面上去认识和对待公民，而在每个城市内部都有不同公民等级，各个等级的地位不同所享有的权利和履行的义务就不同,拥有公民身份就意味着拥有安全和生存的保障。在中世纪的城市,公民逐渐地表现为一种法律制度,可以享有一定的政治行为和权利,公民与城市的关系也体现为一种契约关系，公民在得到利益的同时必须纳税和服务。城市与城市之间公平地竞争公民对其的服从,公民们在城市内公平竞争公共职位,城市为商人交易提供平等的法律保护。这些因素共同促进中世纪城市公民观念的发展,但整体上在中世纪公民个人不被看作是共同体成员,而更多是看作经纪人,按公民财产的多少分别对待,忽视古希腊强调的公民政治权利属性,此时的公民同臣民是等同的,在城市中每个人既是公民也是臣民。"一个公民是按其等级在政府中参与公民共同体或其司法作用的人,按此定义,儿童、奴隶、外邦人和妇女不是公民。"所以,公民的范围仍是非常有限的。

总之,自治城市不是西方中世纪的主流制度,所以在城市中存在的公民与城市观念并不占据主导地位。中世纪由于对神的尊重和对人的忽视并没有发展出对人的本性自我实现的要求，公民权利并未进入中世纪人思考的范围内。这种改变一直到宗教改革和文艺复兴时才开始出现。[①]

综上所述,公民问题作为政治学的基本理论问题,探讨的是人与政治共同体的关系问题,只有获得公民身份的人才能在政治共同体中获得人格,成为政治共同体的正式成员。所以,一直以来公民问题都是人们进行政治思考的核心概念。对公民问题的深入探讨体现了政治学理论对人类命运的深切关怀。亚里士多德作为古希腊最伟大的思想家,在他的老师柏拉图提出"哲学王"的主张以解决城邦内部的冲突时,亚里士多德恢复了公民问题在学术讨论中的核心地位,对古希腊的公民理论进行了最早最系统的研究,成为西方公民理论的源头。此时,人们对于国家和公民的想象与论证同我们现在对公民和国家的理解存在非常大的差距。

在古希腊,思想家们赋予城邦这一人类政治共同体以道德意义,国家是

---

① 储松燕:《个体与共同体——公民资格的演变及其意义》,中国社会出版社,2003年,第103~115页。

最高最广的至善团体，人类只有在城邦中才能实现人类的本质。所以，相对于人来讲城邦具有更高的价值。有关公民的观念在古希腊也已经开始被人们探讨，公民的核心含义被认为是能参与城邦公共生活的人，所以公民指的是享有政治权利也承担政治义务的人，是城邦中的少数人才能享有的一种资格。到了古罗马，公民资格被广泛地授予罗马帝国的公民，这时的公民资格不再被看作是神圣的参与权，更多地变成了一种帝国扩张、巩固自己统治的手段和工具。共和国和帝国仍被看作高于公民个人，是目的而非工具。

到了中世纪，世俗国家让位于上帝之城，个人的存在被视为是为荣耀上帝，公民资格被广泛授予，但在上帝和世俗国家面前，个人仍不是着重考虑的对象。在近代以前，在公民与国家的关系上可以说不存在近代意义上的国家义务和公民权利思想，国家被赋予道德意义是一种目的性的存在，其存在本身即被证明拥有合理性，而公民作为与国家相对的个人，只有在国家中生活，满足国家的目的才被认为实现了作为人的本质，所以相对于国家来讲人是在国家之下的存在。

但在近代以前的思想中对公民与国家的探讨，却为人类积累了最初的政治智慧，国家观念逐步发展，人们开始不断地赋予国家新的内涵，直到中世纪在神权的影响下人们认识到国家不是万能，国家是有限度的，国家才开始具有了工具内涵。对公民观念来讲，公民观念也经历了一个由少数人的特权到大多数人享有法律下的平等权利的转变，为近代公民权利思想的发展奠定了基础。

第三章　近代公民基本权利论证的国家义务

　　国家义务问题的实质是有关国家存在的目的和意义问题，国家存在的目的和意义是什么纵贯整个人类思想史并与国家的起源学说相始终。亚里士多德认为城邦是"至高而广涵的社会团体"，只有在城邦中生活，人的本性才能够实现，人在本质上是趋向于城邦生活的政治动物。城邦的目的是公民的优良生活，这是亚里士多德对古希腊城邦政治生活的总结。古罗马的西塞罗则突破古希腊"城邦"概念的狭隘界限，将国家理解为"人民的事业"，国家属于人民，为人民所有。基督教的兴起使世俗国家沦为上帝实现自己拯救计划的工具，但在国家的起源问题上，仍将国家的目的解释为"过一种有德行的生活"。

　　近代以来形成的国家观念与此前有关政治共同体观念最大的不同之处就在于，人们开始用人的眼光来观察国家，用理性和经验来看待国家、解释国家，把国家从一个自然物或神造物变为了人造物，否定了神对国家的支配和保护。促成这一转变的最重要原因莫过于宗教改革、文艺复兴及启蒙运动中人类理性的觉醒，或者说是人类权利意识的觉醒，恩格斯在总结那个时代的特征时说：过去一切的社会制度、国家制度、宗教都受到了最为无情的批判；人类的一切都必须重新接受理性的审视，以证明自己存在的意义。理性成为衡量一切的唯一标尺。过去所有的社会制度、国家制度和一切与其相关的传统观念等，都被看作是不合理的；过去世界所有的成见都将被抛弃，被永恒的正义和基于自然的人人平等和不可剥夺的天赋自然权利所取代。[①]在

---

① 《马克思恩格斯选集》（第3卷），人民出版社，1972年，第355~356页。

理性精神的指引下,人们开始反思自身,也开始反思国家对于人的意义。

16世纪以后的马基雅维利、布丹等学者将权力作为政治学的核心,主张国家的根本问题是统治权,将国家的目的与伦理道德分开。马基雅维利在他的《君主论》中把国家与统治结合起来,将国家的存续提升为绝对的规范,国家有其自身特定的目的与功能,在特定情境中国家可以不受法律与道德的制约,这个论点被他人概括为"国家理性(理由)"(reason of state)。而布丹则明确地将国家与主权联系起来,把主权理解为是国家的最本质特征,是"超乎所有公民与臣民之上的,不受法律限制的最高权力"[①],尽管绝对不受限制的主权是不存在的,但国家最基本的目的是保证秩序,而非自由。

在17、18世纪,契约论成为解释国家与法律起源的重要理论,这一理论将自然法与自然权利思想结合起来,人们基于一定的目的在自然法的引导下订立契约,国家和法律是人们基于契约让渡了一部分权利和权力而形成的公共权力和公共意志。格老秀斯、霍布斯、斯宾诺萨、洛克、卢梭等大部分思想家都用这样一种社会契约思想来解释和建构自己的理论体系,阐释国家、政府存在的目的和意义。格老秀斯在国际法中讨论国家和主权问题,认为"国家是一群人为着享受公共的权利和利益而结合起来的完善团体"[②]。霍布斯强调主权是国家的本质,国家用强制力来制止内乱并维护和平,第一个对自然法和社会契约论作出了全面系统的论述,明确地将个人不可转让、不可剥夺的权利看作国家权力的基础,奠定了西方近代国家学说的基本模式。洛克同样用自然法和社会契约论解释政府的起源、性质和目的,认为政府最重大和最主要的目的就是保护人民的财产,以清晰而富有逻辑的推理阐释了国家是保护个人权利的工具的观点,其思想深刻地影响了18世纪的启蒙学者,进而影响到整个19世纪的欧洲。18世纪法国的孟德斯鸠在《论法的精神》中强调了健全的法律制度及公民的各项基本权利,并强调分权对保障公民政治自由的重要意义,对美国宪法的形成具有重要影响。而卢梭则在近代西方第一次完整地提出了人民主权学说,在民主性方面大大高于霍布斯和

---

① 徐大同主编:《西方政治思想史》,天津教育出版社,2000年,第111页。
② 同上,第127页。

洛克的学说,认为国家是一个具有意志力的道德主体,个人服从公意只会使个人获得自由,其思想对法国历史进程产生了巨大影响,且影响了近代西方政治制度的确立,法国大革命爆发后诞生的《人权和公民权宣言》可以见到卢梭的思想痕迹。

一、近代社会契约思想中自然权利构筑的国家义务

近代早期思想家以社会契约思想解释人与国家的关系,勾画了近代国家的面貌,奠定了近代政治思想的基础。在这一部分首先探讨这一时期的自然权利思想如何构建了国家存在的合法性,自然权利思想如何从人们主张的天赋权利制度化为由国家加以保护的公民权利。

(一)霍布斯:和平与共同防卫的义务

霍布斯作为最伟大的英国哲学家之一,在近代史上第一个系统地阐释了自然法和自然权利理论,将自然法理解为主要就是一系列的自然权利,探寻了权威与自由之间的平衡。他对国家本质的探讨使得只要文艺复兴后的欧洲国家还存在,霍布斯关于国家的著述就是最为重要的评述之一,霍布斯则是最能够抓住现代国家本质特征的政治理论家,被称为自由主义的鼻祖,其思想奠定了近代政治思想的基础。

在有关国家的起源方面,霍布斯将国家视为社会契约的产物,在订立契约时,每一个人都向他人承诺,自己承认某人或某个集体,并放弃自己管理自己的天赋权利,将这项权利授予某人或某个集体,但在自己这么做的同时也要求其他人同样将自己的权利授予某人或某个集体,当所有人都如此时,大家便统一在一个人格之中,此时国家便成立了。[①]承担人格享有主权的人就被称为主权者。人们之所以选择放弃管理自我的权利,成就一个绝对的主权,就在于霍布斯对自然状态、自然法与自然权利的论证。

所谓自然状态,是霍布斯的主权学说赖以成立的前提,自然状态是先于

① [英]霍布斯:《利维坦》,黎思复、黎廷弼译,商务印书馆,1985年,第131~132页。

公民社会的,是霍布斯根据人性特点推导而出的。霍布斯否定了古代政治哲学中由理性克制激情达成精神和谐这一终极目的,肯定了激情或欲望的普遍性,"得其一思其二、死而后已、永无休止的权势欲"①,是全人类共同的生活方式,每一个人对每一个人的威胁是普遍的、平等的存在的,所以自然状态就是战争状态,是"一切人反对一切人的战争",人们的生活是"孤独、贫困、卑污、残忍而短寿的"。②正是由于自然状态的这种普遍性和必然性,证明了主权存在的必要性,主权就是对自然状态的否定。主权存在的目的就是国家存在的目的,国家存在的目的就是对这种恐怖的自然状态的摆脱,就是实现"和平与共同防卫"。

　　而人们之所以能够通过签订社会契约建立国家摆脱自然状态,就在于自然法的存在。在霍布斯之前人们将自然法看作一套客观的法则和尺度,是一种独立于人类意志的存在,是一种具有约束力的秩序。霍布斯则重新解释了自然法与自然权利,一方面,人类由于自然激情的存在使得自然状态成为一种战争状态;另一方面,人类为了自我保存借助自然理性的指导制定了自然法,通过签订契约遵守自然法的方式,人们由自然状态进入公民社会,建成强大的利维坦用以摆脱自然状态实现保全自我。也正是在这个意义上施特劳斯在评价霍布斯的政治哲学时总结道:"理性既孱弱无力,又无所不能"③,揭示了霍布斯哲学中激情和理性的复杂关系。霍布斯的论证使自然法摆脱了先验性的地位,将自然法认定为一系列权利,是人类理性的诫条和一般法则,是起源于人类意志的产物。施特劳斯评价霍布斯时总结到,在霍布斯之前整个自然法学说以人们的义务为关注点,将人们拥有的有限的权利视作由义务产生的,霍布斯开启了一个新的时代,以无条件的自然权利取代自然义务,自然权利成为人们履行义务的前提。④

　　自然法的具体内容霍布斯在《利维坦》中共列举了十九条,其中最为核心的内容就是自然法对自然权利的确认。所谓自然权利,就是我们"每个人

---

① [英]霍布斯:《利维坦》,黎思复、黎廷弼译,商务印书馆,1985年,第72页。
② 同上,第95页。
③ [美]列奥·施特劳斯:《霍布斯的政治哲学》,译林出版社,2003年,第19页。
④ [美]列奥·施特劳斯:《自然权利与历史》,生活·读书·新知三联书店,2003年,第186~187页。

按照自己的方式运用自己的全部力量保存自己生命的自由"①,自然权利的核心含义就是"自由",自由就是用自己的判断和理性按照自己愿意的方式运用自己的力量去做任何事,自由就是"外界障碍不存在的状况"②。由此可以看出,自由是对外来约束的否定,是先于约束和限制的,是规范、秩序和权威的共同起点。而这一自由的核心就是对生存的保全,由于这种自我保存对每一个个体的普遍性,可以推导出,自由属于每一个人,它普遍地存在于每一个人的身上,自然权利既表示了每一个个体的正当权益,又代表了自然的必然性。自然权利先于自然法,是自然法的核心,自然权利实现了道德哲学和政治哲学的结合,使得利维坦不仅是强大的,而且是必然的、正义的选择。

人生来具有的各种欲望在自然状态中使人与人处于战争状态,而每个人都平等地具有自我保存的权利,为了更好地实现自我保全,人们共同签订社会契约建立了一个绝对的主权,借助主权实现每一个人最基本的自然权利——自我保存。基于对自然状态的否定和对自然权利的肯定,霍布斯建造了第一个近代国家的模型,这个国家不再是自然物、神圣物而是一个人为物。尽管在自然国家与人为国家之间,霍布斯承认国家得以形成的自然方式——征服战争,但他更看重人类依据自然理性推导而来的政治原则的正当性,所以人为国家在理论上的优先性一定胜于自然国家在事实上的优先性,理论而不是实践才能产生更高的统一性。③

霍布斯将国家看作人类意志的创造物,人才是国家存在的目的,国家是人们为了保护自己的生命安全而发明的工具,国家的职能不再是实现和促进公共的善,而只是为了保护人们最基本的自然权利。在霍布斯构造的人为国家中,臣民和国家之间以保护和服从为主旨形成了一整套权利—义务关系,对于代表国家的主权者来说,其绝对权利来自于人们为了实现自我保存而让渡出的自然权利,一旦人们让渡出自己的权利进入公民社会,那么人们的自然义务就转变为臣民的政治义务,也就是对主权者的服从,而主权者的义务就是对臣民的保护。正是在主权者的保护义务中,主权者才建立起了绝

①② 　[英]霍布斯:《利维坦》,黎思复、黎廷弼译,商务印书馆,1985年,第97页。

③ 　王利:《国家与正义:利维坦释义》,上海人民出版社,2007年,第121页。

对的权力,在逻辑上,国家的保护义务先于臣民的服从义务,人们的同意保证了主权权力的正当性来源,并且"臣民对于主权者的义务应理解为只存在于主权者能用以保卫他们的权力持续存在的时期"①。

在对近代国家的论述中霍布斯的理论具有开创性的贡献,但基于时代背景和霍布斯所要积极解决的问题的特殊指向性,霍布斯的国家理论具有鲜明的时代特色及个人特色。霍布斯将国家作为人类理性建构的产物,阐释了自然权利先于国家的优先性,但是霍布斯并未提出所谓的天赋人权观念,其对自然权利的论述仅限于免于外在束缚的自由,这一自由最核心的含义就是人类最本能的自我保存,整个国家得以建立的根基就是对人的生命的保护。所以,在霍布斯的理论中所谓的权利就是对生命的保存,而国家得以建立及存续的原因就是对"和平、安全和共同防卫"这项国家义务的履行。

(二)洛克:生命、自由和财产权的保护义务

约翰·洛克是17世纪英国哲学家、政治思想家,是近代以来自由民主理论实践方面最有影响力的人物之一。洛克的政治哲学尽管表面上具有简单明了的性质,但其实却涉及逻辑论证上的困难,洛克明晰17世纪政治牵涉的许多问题,试图以谨慎的态度使之包容并蓄,但其精心构建的理论体系不能容纳如此复杂的问题。尽管如此,洛克凭借自己的才能将过去经验产生的政治、哲学、伦理和教育思想集合起来,以简单、有力的语言传递给18世纪,成为英国和欧洲大陆政治哲学赖以发展的渊源,并且在美国的宪法和政治实践中得到了最充分地运用。

洛克同样用社会契约思想来解释政治社会的产生及政府的权力来源,不同于霍布斯,洛克将自然状态描述为和平与互助的状态,是"和平、亲善、互助和不受危害的状态"。人们在自然状态中按照理性生活在一起,人们借助自己的劳动、发明使自我保存所需的物品不断增加,但人口的增加使自然状态无法再提供更多的自然供给物,人们为了保护自己的财产,并希望更多地占有财产,使原有的自然状态所能提供的保护不能再持续下去,人们不得

---

① [英]霍布斯:《利维坦》,黎思复、黎廷弼译,商务印书馆,1985年,第172页。

不制定新的规章取代原有的自然规章，保护自己财产的欲望使人们急切地进入政治社会状态。

　　政治社会是对自然状态不便之处的补救方法，政治社会所赖以建立的用以解决人们纷争的公民法"仅仅在它们是建立在自然法基础上的范围内才是正当的，而它们正是由自然法调节和解释的"①。在自然法的根源、目的和内容上洛克同霍布斯一样可以将其概括为一个词就是自我保存。在洛克看来自然法的基础是根植于每个人心中的最强烈的欲望，自然法和自我保存之间存在着深刻的关系，"上帝植入人们心中并使之成为他们本性的原理的第一个和最强烈的欲望便是自我保存"②。人类自我保存的行为与作为自然法的理性一致并且构成了人类行为的合理依据，但是由于人们缺少对自然法的研究，总是会违背理性行事，尽管自然法已经植入了所有人心中，但处于自然状态中的人并不十分清楚该如何遵守它。所以，"人们必须发现和设计出能够使他们满足他们的自我保存的自然欲望的条件"③。

　　尽管霍布斯和洛克都将自然状态描述为不会持久存在的状态，将自然法明确为自我保存，将公民社会或曰政治社会看作是对自然状态的补救，但霍布斯与洛克的理论还是有着深刻的、富有意义的区别：洛克的自然状态不像霍布斯的自然状态那样凶残，而且洛克并不像霍布斯一样将每个人看作是他人潜在的威胁者，人们在自然状态中威胁自我保存的不是人与人相互伤害的倾向，而更多的是自然条件的匮乏。对于自然状态的不同理解使二人对补救自然状态的方法的理解也大相径庭，洛克的政府远比霍布斯的主权者更少独裁的特征，其中最明显的区别就在于洛克给予自然法中的财产权以更多的关注。

　　洛克认为，一切权利都与财产权类似。在自然状态下，每一个人都从大自然所提供的条件中获取生计，就这一点而言财产是共有的。洛克宣称当人以自己身体的劳动"掺入"某物时，人就具有对此物自然的权利，这种学说被融入了后来的古典经济学和马克思的劳动价值论。洛克认为这种财产权早

---

① 转引自[美]列奥·施特劳斯主编：《政治哲学史》，河北人民出版社，1993年，第556页。
② 同上，第555页。
③ [美]列奥·施特劳斯主编：《政治哲学史》，河北人民出版社，1993年，第555页。

在原始社会以前，也就是自然状态中就已经存在了。财产权并不是由政治社会创造的，所以政府并不具备随意调整财产的权利，或者说社会和政府存在的目的就是为了保护此前就已经存在的对财产的私有权利，这种权利就是天赋权利，是个人生而具有的权利，是社会和政府不可取消的权利。在论述天赋权利时，洛克最常列举的权利是"生命、自由和财产"，并且往往用"财产"泛指任何权利。财产是洛克详细探讨过的唯一的天赋权利，由此可以看出他将财产权当作最典型和最重要的权利。"人们结合组成国家并服从国家管理的首要目的就是保护自己的财产。"①也正因为这种天赋权利的重要性，所以政府的权力必须是有限的，政府存在的目的就是为了保护这些天赋的权利。

在论证了天赋权利先于社会存在后，洛克论证了政治社会是经由社会成员的同意而产生的。政治权利就是"为了规定和保护财产而制定法律的权利……以及使用共同体的力量来执行这些法律和保卫国家不受外来侵害的权利；而这一切都只是为了公众福利"②。这种权利的产生只能是经过人们的同意，政府行使的立法权和行政权是由每个人将自己的天赋权利让渡给政府的，因为人们认识到这样能更好地保护自由和财产，而只有当社会也承担了保护每个人财产的义务时这种契约才能成立。

洛克阐明了契约的必要性但并没有详尽论述契约的后果，在契约是产生了社会还是产生了政府这个问题上，洛克承认社会与政府的区别，但并未明确这种契约是个人之间建立社会的契约，还是社会同政府之间的契约，而是将两种观点融为一起。洛克没有讨论过一个社会建立后使其得以为继的其它理由，他经常谈及社会而很少谈及国家，经常谈及权力而很少谈及义务。这就使洛克的社会契约理论不及霍布斯的论述完整严密，并使其理论自身充满逻辑上的不自洽。尽管如此，洛克对财产权的论述，对政府权力的限制，对立法权与行政权的区分，使其成为那个时代最孚众望的政治哲学家，其"哲学的最大要旨超越了英国同时代的政治解决办法，在美洲和法国奠定

①　[美]列奥·施特劳斯主编：《政治哲学史》，河北人民出版社，1993年，第571页。
②　[英]洛克：《政府论》（下），叶启芳译，商务印书馆，2003年，第4页。

了政治思想的基础,于十八世纪末叶的两次大革命(美国独立战争和法国大革命)中达到了顶点"①。

综上所述,为了说明国家是如何从家庭以外的社会组织还不存在的自然状态中起源的,霍布斯和洛克将国家的主权或曰权威建立在"社会契约"之上,所谓的自然状态的描述无非是为了证明国家存在的必要性,而所谓的自然法则成为人们生来具有的不可取消的权利,国家存在的目的就是为了维护个人的权利。霍布斯将这种权利归结为个人生命的保全,国家的唯一职责是维护秩序,为达成这一目的国家可以是绝对的;洛克将财产权作为最典型的权利,所以为政府的权利设定了一个限度。尽管二者得出的结论不同,但霍布斯与洛克都站在个人的角度解释社会和国家,都将国家的权威建立在它所统治的人民的同意之上。二者的理论奠定了近代自由主义的基础,将国家看作人为的产物,国家存在的道德基点是个体的权利,是实现个人权利的消极工具,没有为国家提供任何积极的功能。

(三)卢梭、柏克对自然权利的反思

通过社会契约建立政治社会的观念是18世纪最为流行的一种政治思潮。霍布斯与洛克无疑是那个时代对社会契约及自然权利论证的最为出色的思想家,形成了整个17、18世纪政治思想主流的个人主义传统,并对现实的政治进程产生了重大的影响。但也正如黑格尔所称,"一种哲学只有当它的主要原则被视为当然时,才得到充分全面的发展和应用,但达到那样的程度,又变成它理论发展的障碍"②。最早对这一理论进行反思的要数同样以社会契约思想进行政治论证的思想家卢梭,在对社会契约构建政治秩序的论证中,卢梭对自然权利的理解不同于霍布斯和洛克开创的传统,也不同于与他同时代的所有启蒙思想家,正如列奥·施特劳斯在其《自然权利与历史》中所说,现代自然权利的危机出现在卢梭的思想中,并在柏克的思想中得以论证,最终由黑格尔得以系统阐述。

---

① [美]乔治·霍兰·萨拜因:《政治思想史》,刘山等译,商务印书馆,1990年,第604页。
② 同上,第741页。

卢梭在18世纪被视为启蒙运动的"捣乱分子",在19世纪被看作法国大革命的鼓动者和浪漫主义运动的奠基人，在20世纪被誉为西方民主传统的缔造者或被诬蔑为极权主义的先驱,对卢梭的评价如此分化,只能说明卢梭的思想不能被简单地归纳为某一单一思想范畴,卢梭同霍布斯一样都是西方政治思想史上最深邃、最复杂的思想家之一。

社会契约论是卢梭政治思想的核心部分，社会契约的目的也就是社会契约所要解决的根本问题,就是"人们要寻找出一种组成共同体的形式,使这一共同体能以全部共同的力量来维护和保障每个组成共同体的成员的人身和财富,并使人们仍然像从前一样自由"①,解决这一问题的方法就是将每个缔约者的一切权利全部转让给集体。所有人在缔结契约时都是平等的,人民是这个道德共同体的主权者，是国家的立法者。主权是人民摆脱各种枷锁、实现自我管理的必要工具,它是至高无上、不可分割、不可转让的。人民有权随时解除契约,在民主性和革命性上卢梭的社会契约思想远远高于霍布斯和洛克。卢梭设计的社会契约理论较为抽象,由契约产生的国家也更趋于理想化。卢梭有关自由、平等、天赋人权以及主权在民的思想成为那个时代人们反对封建主义革命最有力的思想武器。

卢梭作为社会契约思想的重要阐释者,不同于同时代的其他启蒙思想家,在以社会契约构架政治社会时,卢梭反对当时流行的理性主义。在人的本性中,究竟什么是天赋的,什么是人为的? 卢梭的回答是超越于自利思想之上的,社会交往的基础是感情而不是理性。人是天生性善的,其它学说中的利己主义并不存在于自然界。知识的增长、科学的进步本是启蒙运动的重要精神,而卢梭则崇尚友好和仁爱的情感,生活之所以有价值就在于人们有共同的情感。启蒙运动将信仰寄托在理性和科学的基础上,而卢梭则将整个政治哲学引向与传统相反的道路上,他从针对理性的情感入手同传统的自由主义——不论是天赋人权,还是功利主义——背道而驰。卢梭要使自己摆脱将社会哲学视作系统化的个人主义,这一传统是由霍布斯和洛克开创的,他们认为国家的价值在于保护其成员享有和行使固有的财产权利,政治社

---

① [法]卢梭：《社会契约论》,何兆武译,商务印书馆,2003年,第19页。

会本身是功利的产物。卢梭则开启了一个古典经典著作对政治哲学发挥影响的新时代,并延及整个黑格尔主义。

卢梭接受了柏拉图的见解,将社会作为道德感化机构,将法律和权力视为第二位的,个人是从社会得到精神和道德能力的。正是因为有了社会才使"公正代替了本能,并赋予人们的行为以以往所没有的道德,离开了社会,就不会有用以评断幸福的价值尺度"①。"自然法所归结给人类的个人权利,诸如自由、平等和财产权,其实都是公民权利。人类之所以平等,照卢梭的说法,那是通过'约定和法律权利'所取得,而不是像霍布斯说的那样,是因为人的体力大体一致。人类在社会中首先得到的是法律规定的个人自由,这种自由是一种道义权利,而不仅仅是'天赋自由';所谓'天赋自由',是属于孤单的动物的。"②卢梭思想的渊源是对于集体抱有浪漫色彩的崇拜,这也是他同个人主义哲学的基本分歧所在,理性论强调个人的独立判断与进取,而卢梭则强调参与所带来的满足和对非理性的崇拜。启蒙时期理性的作用本来是将人从传统和权威的束缚下解放出来,这是整个自然法体系的含义,而卢梭却用感情主义将这一切搁置在旁,卢梭最明显的缺陷就是其概念的抽象性,而这一缺陷很快由柏克所解决。

埃德蒙·柏克是保守主义政治理论的奠基人,其对社会与国家的看法同自然法学派有着很大的不同,他不同于社会契约者将国家看作人们理性选择的产物,也不同意将国家视为单个个人简单相加的机械结合体。柏克强调社会的有机特性,重视感情、传统、习俗等非理性因素在人类社会结合中的作用。他并不完全否定社会契约论,强调国家是人为的产物,但国家不是人们心血来潮为某些暂时的眼前利益而订立的契约,人们应该怀着崇敬之情来看待国家,国家是一种合伙关系,是一项契约,是科学、艺术与道德的完美的合伙关系。这种关系无法在一代人之间达成,是逝去的人、活着的人和未来的人之间达成的合伙关系。每一个具体的国家的每一项契约,是整个人类社会最初的伟大的初始契约中的一项。③

---

① [美]乔治·霍兰·萨拜因:《政治思想史》,刘山等译,商务印书馆,1990年,第660页。
② 同上,第660~661页。
③ [英]埃德蒙·柏克:《法国革命论》,商务印书馆,1998年,第129页。

柏克接受了休谟对理性和自然法的否定，认为人类社会并非仅仅是理性设计的产物，社会得以组建的准则更多的是习俗，依赖于人类的本能甚至是偏见，由此而产生的社会是人类的本性，如果没有由此人性而引出的道德准则和政治制度，那么人也不能称之为人。所以，在柏克看来民族生活传统具有的效用并不能仅以是否具有功利性和是否具有个人权利来衡量，这些传统是人类一切文明的宝库，是宗教和道德的源泉，是理性的主宰。柏克的政治信念始终坚持，国家的政治制度形成了一整套繁杂而庞大的由约定俗成的权利构成的法律与惯例，这些约定俗成的权利及惯例产生于过去的传统，这些惯例在不打破自身连续性的情况下不断地使自身适应现在，政体和社会的传统应该成为像宗教一样能够世代被尊崇的对象，因为这些传统是人类最伟大的文明与智慧的结晶。①法国大革命后，柏克更是彻底地、激烈地摈弃了天赋权利观念。柏克在否定了天赋的、自明的自然权利后，用传统、感情以及理念化的历史来填补空白，用对社会的崇拜取代对早前启蒙思想家自然权利思想对个人的崇拜。

柏克对社会契约和自然法的看法，实际上是否定了传统的自然法学派将国家看作是人们为了保障个人的自然权利而签订的契约这一观点，进而否定了人们认为一旦政府侵犯了个人权利就可以撤回并重新签订契约的可能，这实际上也是柏克对法国大革命的否定。柏克反对启蒙运动的理性自负，认为只有从人类的经验和传统中才会有真正的理性，只有历史、传统和习俗才是政治事务的真正基础。同时柏克也反对抽象地谈论权利，认为所有的权利不过是历史传统的产物。不同于卢梭的"天赋人权"，柏克强调的是"人赋人权"，但这并不意味着这一权利不是自然的，国家、社会、习俗和法律都是自然演化而成的，人权的观念就是在这个传统中演化而来的。我们的权利并非是生来就具有的，而是由传统塑造和形成的。柏克认为只有"从人类经验和传统中才能真正地发现并理解权利：权利是在法律规范中的自由，是深深依赖于一个社会的历史发展过程的、具体的权利，人们有权享有从社会

---

① ［美］乔治·霍兰·萨拜因：《政治思想史》，刘山等译，商务印书馆，1990年，第681页。

合作以及法律规范给自己带来的利益,权利是法律规范的利益"①。

正是柏克对抽象的人的自然权利的反对和对传统的捍卫,使得在20世纪人们对柏克的评价由直觉的保守的功利主义者到浪漫主义者甚至崇尚法律者无所不包,但二战后整体来说柏克被评价为崇尚法律的实用主义者,柏克推动了之后的思想家们反思理性在政治理论中的作用问题,为后来的历史主义、实证主义的产生和发展奠定了基础。柏克的保守主义并不是反动的,在柏克的思想中保守与自由是紧密结合的,或者我们说柏克的保守恰恰是对自由传统的一种保守。②

综上所述,哲学上的理性主义以及自然法体系和自然权利思想是整个18世纪最具代表性的创造,然而这一思想体系在18世纪却又逐渐处于衰落之中。这种对自然法体系的批判由大卫·休谟完成,休谟用自己的天才分析能力阐述了理性的局限性,为卢梭和柏克提出的价值准则提供了逻辑上的先决条件:卢梭将整个价值准则归之于良善的情感,柏克则把它归之于不断成长的民族传统。卢梭对城邦的怀恋和柏克对民族传统的尊崇是一致的,两者都以对社会的新崇拜取代对个人的旧崇拜。卢梭与柏克二人对自然法体系和自然权利的反思对后世的政治思想产生了重要影响,开启了西方社会政治思想不同的传统。卢梭的主权在民思想塑造了我们关于国家的想象,对后世影响深远,而柏克对抽象权利的否定奠定了后来实证权利的基础。

(四)自然权利的制度化

由卢梭和柏克开始的对自然权利哲学的反思,开启了不同的政治哲学传统,但并未取代整个17、18世纪作为主流的个人主义政治传统。自然权利作为一种思想和学说,从古代朴素的自然权利思想,到近代系统的自然权利学说,成为近代资产阶级革命最重要的理论武器。近代自然权利学说的奠基人是格老秀斯。他在其名著《战争与和平法》中将不可剥夺、不可转让等特性赋予自然权利。而后的霍布斯将自然权利定义为每一个人按照自己的方式,

---

① 王彩波:《西方政治思想史》,中国社会科学出版社,2004年,第391页。
② 刘军宁:《保守主义》,中国社会科学出版社,1998年,第14页。

运用自己的全部力量保存自己生命的自由。施特劳斯认为霍布斯的学说开创了彰显个人价值的自然权利传统。继霍布斯之后,洛克将自然权利扩展为生命、自由、财产等与生俱来的权利。自然权利思想经由洛克的论证达到了全盛时期,洛克的政治理论不仅鼓舞了美国和法国的资产阶级革命,而且还在革命胜利后得以制度化。

所谓自然权利的制度化,是指"自然权利理论提出之后得到特定政府或组织的认可与接纳,并采取相应措施将其纳入立法工作中进行安排和保障"①。自然法、自然权利思想在西方政治思想史上从未中断过,但实证法才是权利的守护神,才是防范国家陷入无序状态的最根本保障。自然权利通过权利宣言、国内法典以及国际公约的形式,将思想固化从而实现了自然权利的制度化。

宣言是自然权利制度化的初级阶段,宣言是正式和庄严的文件,只有在阐释一些十分重要且具有永久意义的原则时才使用宣言的形式。权利宣言表达了对自然权利的确认与认可,表明了先于国家和政府的个人的基本权利。自然权利制度化最早的宣言典范是美国的《弗吉尼亚权利宣言》,其以洛克的思想为蓝本,宣告权利先于政府,对此后美国诞生的《独立宣言》及《权利法案》产生了重要影响。由杰斐逊起草的《独立宣言》就蕴含了自然权利思想,继承并发展了启蒙思想家的社会契约和自然权利思想,"人人是生而自由、平等的,每个人生来就被赋予了某些不可剥夺、不可转让的权利,这些权利中最为重要的权利就是生命、自由和追求幸福的权利"。在解释国家的起源时《独立宣言》强调人们正是为了保障人人生而拥有的基本权利,人们才同意建立国家,国家权力的正当性来自于所有人民的同意,国家存在的目的和国家行使权力的方式必须是为了保护人们的基本权利。法国的《人权和公民权利宣言》(也称《人权宣言》)宣告人人生而自由、平等,财产神圣不可侵犯,将法国启蒙思想家所阐释的政治思想以法律形式固定下来。

自然权利的宪法化使17、18世纪由启蒙思想家阐释的自然权利思想通过宪法制度化并获得了法律的有效保护。正是在宪法中对公民权利的保障才从根本上遏制了国家权力的滥用与专横,个人才有了生命、自由和追求幸

---

① 钟丽娟:《自然权利制度化研究》,山东大学博士学位论文,2008年,第85页。

福的场所。英国的《权利请愿书》(1628年)、《人身保护令》(1679年)、《权利法案》(1689年);美国宪法(1787年)及其《权利法案》(1789年);《法国宪法》(1791年);在美国宪法生效后的半个世纪内,世界上大约有七十多个国家的宪法问世,如瑞士、比利时、挪威、波兰、荷兰等国,这些宪法无一不吸收了洛克、孟德斯鸠和卢梭等启蒙思想家的观点,将自然权利法典化。自然权利的制度化不仅体现在英国、美国和法国等国的权利宣言和宪法中,还体现在整个欧洲法典化过程中出现的部门法中。

启蒙思想家将人的自然权利奠基于人类的本性之上,使人类依靠自身摆脱神权和君权对人身的控制。自然权利的提出代表着人类的价值追求。"自然权利的制度化将'人类苦苦寻觅追索的基本价值目标绣在高高飘扬的旗帜上并以制度化的方式试图加以实践'。"①自然权利的制度化实现了自然权利从观念上的道德权利、应有权利、主观权利转变为法定权利、客观权利。自然权利的制度化、法律化使自然权利获得了最强有力、最有效的保障。自然权利的制度化还为国家行为提供了应然的规范标准,将国家权力的出现及行使的目的归结为保障公民的基本权利。②

由霍布斯、洛克等阐释的自然权利思想,成为资产阶级革命的重要理论武器。人所生来具有的天赋自然权利,成为政治社会得以建立的根基,国家得以存在的最根本目的就是保障人们的自然权利,国家权力产生于为履行国家保障公民权利的义务。经过英国、美国和法国革命的胜利,最终将自然权利制度化、法律化,将自然权利由思想家理论中的道德性权利变为各国公民享有的法律权利,奠定了个人与国家关系在近代以来发展的基础。作为权利拥有者的个人成为一切政治活动的目的,国家是为履行保护公民权利的义务而存在的人类结合体,公民的权利决定了国家的义务,国家的义务构成了对国家主权的最基本限制。

既要求国家的整体权威,又坚持个人不可剥夺的自由平等权利,是那个时期社会契约论者都需要解决的问题,不同的学者对两者给予了不同的关

---

① 钟丽娟:《自然权利制度化研究》,山东大学博士学位论文,2008年,第86页。
② 同上,第86~88页。

注,在个人与国家之间的关系上,洛克和孟德斯鸠强调了个人权利的一面,促进了近代自由主义的形成,而霍布斯和卢梭则走上了国家主义的道路,霍布斯强调了国家维护秩序和安全的重要性,而卢梭则强调了个体与整体之间的同一性,为极权主义留下了口实。

深受英国与欧洲大陆思想影响的美国革命建立了对人类政治进程产生重要影响的美利坚合众国,美国的开国元勋们着重建立一个既强有力又能保障个人权利的联邦政府,美国宪法的通过及三权分立制度的确立,将政府看成是一种免不了的祸害的观点,对19世纪的自由主义国家观,及其后许多西方国家宪法的制定产生了重要影响。

在这些思想家对国家的本质进行论证的同时,自然权利、天赋人权、人民主权、人权学说开始成为政治学的核心概念,成为构建国家合法性的理论渊源,人与人基于维护天赋人权而形成的社会契约成为现代国家的逻辑前提,人民主权成为现代宪政体制的逻辑起点和道德前提,国家重大的和主要的目的就是保护个人的权利。

二、古典功利主义思想证成的国家义务

由启蒙思想家特别是霍布斯和洛克阐释的自然权利思想,在现实生活中取得了巨大的胜利,但到了18世纪末19世纪初,随着资产阶级革命的完成和资本主义制度的建立与巩固,启蒙思想家所倡导的自然权利失去了现实基础。人类进入19世纪,休谟和奥斯汀等人开始反对17、18世纪流行的社会契约思想,反对将国家看作是社会契约的结果,经历了休谟、卢梭和柏克的论述,自然法和自然权利学说开始走向衰落,同时以亚当·斯密为代表的古典经济学理论强调市场这只"看不见的手"的作用反对国家干预。随着资产阶级革命的胜利以及自然权利的制度化和法律化,人们开始放弃充满斗争性质的自然权利话语,开始着重探讨由国家宪法加以确认的公民法律权利。此时思想家不再将研究重点放在阐释自然权利上,而是开始强调以个人利益为基础的功利主义,将功利的原则作为判断道德、法律和政治的根本标准。这些思想对19世纪英国自由主义政治理论和实践发展产生了重要影响,

其最重要的代表人物是边沁和密尔。在边沁看来权利是法律的产物,国家源于人们服从的习惯,人民是为了自身利益而服从于政府,政府也是为了社会的利益而设定的,政府必须完善法律以"增加全民的幸福"。19世纪英国功利主义政治哲学开启了现代自由主义国家的构建过程,并影响西方世界达一个多世纪,直到二战之后才重回社会契约与自然法的理论。

(一)边沁:法律权利与"最大多数人的最大幸福"

边沁将个人利益看作人类一切行为的动因,把"最大多数人的幸福"作为根本的道德准则,并以此解释国家和政府的起源。边沁以经验主义为出发点,抛弃了早期启蒙思想家有关社会契约、自然法、自然权利等抽象的概念假定,将这些概念看作是虚构的假设,不能用来解释人们为何必须服从国家的权力和国家的产生问题。在边沁看来国家不是起源于契约,而是形成于人们服从的习惯。当一群人被认为具有服从一个人或一些人的习惯时,这些人结合在一起,便可以被看作已经处于一种政治社会状态中。而人们之所以要服从国家的权力,在边沁看来,这不是由于自然法要求人们遵守承诺履行契约,而仅仅是因为人们服从所造成的伤害要远远小于反抗所造成的伤害,一切都是出于人们利益的考量。这就是说,人们在衡量了有无国家的利弊之后,才同意建立国家,因为没有国家人们便没有安全、没有财产。

国家的产生是基于人们对利益的考量,同样,国家与政府之所以存在的目的也就是为了不断地满足人们对利益的需求。他没有区分政府与国家,将国家与政府相等同,认为国家的所有行为都应遵循"最大幸福"原则。边沁将政府活动和立法的目的具体化为四大目标:生存(口粮)、富裕、安全与平等。这四项目标实现得越完全,社会的幸福就越大。一个政府的好坏是以它所提供的富裕、安全和平等来衡量的。而在这四个目标中,安全是所有其它目标的基础,是人类幸福的保障,是富裕、生存和快乐的保证。因此,政府最大的作用就是保障安全。安全主要指的是人的身体、名誉、财产等能够得到保障,不受内忧外患的侵犯,其中财产被视为最重要的安全内容,因为财产是获得幸福最重要的条件。在这几项目标中安全和平等之间应建立某种平衡,但当安全与平等发生冲突时,应以安全为重。

　　尽管边沁认识到国家和法律在增进社会功利方面有着不可或缺的作用，但还是将它们作为必要的祸害。政府所要做的事情就是排除伤害，使法律带给人们的伤害小于法律所要制止的伤害。基于国家和法律是一种祸害的思想，边沁认为政府对经济生活应该采取"不干涉原则"，国家和政府的活动应尽量限制在保护人身安全和私有财产不受侵害的范围内。

　　既然社会契约、自然法和自然权利都是虚构的，那就只能肯定人定法的存在。法律并不是与国家同时产生的，而是自产生人类以来就存在的。法律是主权者意志的表现，其强加在公民身上的义务和命令便构成了法律。立法者可以通过法律的手段增强社会的福利，并不必去追寻抽象的原则。针对17、18世纪盛行的自然权利学说，边沁认为根本没有先于法律存在的权利，没有法律就没有权利，权利是法律之子。权利和义务一样产生于法律本身，权利是法律的产物，义务是根据对权利的保障来确定的。立法者应以最恰当的方式衡量权利和义务，以达到最大功利的目的。对权利与义务的衡量也应看法律实施的效果是否促进了商品的自由贸易，是否保障了公民的生存、富裕、平等和安全。

（二）密尔：自由与代议制政府

　　约翰·斯图亚特·密尔授业于边沁，继承并发展了功利主义思想，是19世纪自由主义思想的集大成者。19世纪是自由主义获得极大发展的时期，此时的自由主义同启蒙时期大不相同。这一时期的自由主义丧失了早期自由主义的革命性，以自由取代公正和平等。个人自由一直是自由主义政治理论的精髓，启蒙时期的自由主义政治理论强调的是政治自由，它的核心是对人权尤其是政治权利的保护，体现在政治生活中就是以个人权利为基础制定宪法、实行法治和三权分立。随着时代和社会的发展，自由主义者对自由的理解逐渐扩展和深入，经济自由和社会自由成为自由主义的重要组成部分。经济自由在洛克的思想中表现为对财产权的保护，而在19世纪则表现为自由贸易、自由竞争，反对政府对经济生活的过多干预。亚当·斯密和边沁主张经济自由，而密尔则把自由界定为社会自由，反对社会对个人自由的干涉和压迫,奠定了自由主义体系的重要基础。①

　　密尔从经验和现实而非从形而上学的角度,从自由和权威、个人独立和社会控制的关系角度而不是从狭隘的天赋权利的角度来探讨个人自由问题。密尔虽然不同意将个人自由看成抽象的自然权利,但密尔维护个人自由的坚决态度是绝对不容置疑的。在否定了个人自由的形而上学基础的同时,仍然坚持认为个人的自由权利具有某种绝对性。所谓自由就是任何人的行为,只要仅仅是有关本人而不涉及他人的利益时,个人就是完全自由的;只有当他的行为危害到他人的利益时,他才需要对社会负责,才应该承担来自社会或者法律的制裁。这是密尔为自由与社会控制所限定的界限,密尔为个人自由划定了一个范围,在此范围内个人就是自由的,个人应当保有。国家和社会不能加以干涉的自由至少包含三个方面:思想及讨论的自由;保持个性的自由;个人之间相互联合的自由。这三种自由无论出于何种目的,都是不容侵犯的。在坚持个人自由的同时,密尔反对启蒙时期的自由主义将自由当作抽象的、绝对的权利,也不赞成早期功利主义者将社会自由等同于个人自由。密尔修正了早期功利主义的思想,希望在个人和社会之间寻求某种平衡。密尔丰富了自由的内涵,竞争自由、经济自由扩展到社会自由,将个人自由同整个社会的福祉结合起来,赋予自由以积极内涵;明确指出了个人自由的限度;在探讨国家的公权力时不再将国家权力仅仅视为一种"必要的恶",而开始赋予国家权力以积极的价值,国家的职能不再是仅仅通过立法维护公民的消极自由,而应该发挥积极作用,扩大个人自由的机会,一定程度上改变了过去个人与国家之间对立的关系,对现代自由主义的产生发挥了重要的影响。尽管如此,密尔仍然是一个坚定的个人自由主义者,他认为国家的价值,从长远来看,归根结底还在于组成它的全体个人的价值。

　　在对理想政府形式的探讨上,密尔认为国家和政府并非抽象思辨的结果,也不是自然生成的结果,而是人类智慧及实践创造的结果,它依赖于人的主观意志,是人们智慧创造的结果。那么判断政府好坏的标准只能根据人们所期望的政府的目的来确定。在19世纪的政治思想中,由早期启蒙思想家

---

① 王彩波:《西方政治思想史》,中国社会科学出版社,2004年,第439~443页。

对国家权力的合法性关心转变为思想家对国家权力运作的合理性关注,从政权的正当性论证转向证成性论证。启蒙运动时期的自由主义关注的是"什么样的政治权力是正当的",而19世纪的政治思想家主要关注的是"政治权力怎样运作才是合理的"。启蒙思想家面对神权和君权的专制统治,倡导人生而具有的权利,只有人的权利才能为政治权力的合法性提供依据。经过近两个世纪的努力,通过制宪与分权,政治权力的合法性基础问题已经基本解决,有关国家权力如何合理运作以充分实现国家目的的问题成为政治学界关注的焦点。在如何充分实现政治权力的目标问题上,密尔论证指出一个完善的政府的理想类型一定是代议制政府。政府从整体上讲不过是一种手段,它在形式上的合理性取决于它的合目的性,而评价政府行为好坏的标准则是看它能在多大程度上促进社会的最大利益和维护个人自由。

边沁和密尔作为19世纪自由主义理论的集大成者,在继承由霍布斯、洛克开启的自由主义传统之上,对自由主义进行了新的阐释。边沁和密尔反对启蒙时期霍布斯和洛克等人的自然法和自然权利思想,抛开了这些思想中的革命含义,转而论述非形而上学的自由和权利问题,由对专制政权的批判转而论述如何充分实现政权的目标——保障公民权利,权利的内容由启蒙时期的政治自由转为不受干预的经济自由和社会自由。边沁在这个问题上将政府的存在归结为寻求最大多数人的最大幸福,用功利来观察和解释政治问题的基本原则,并将权利定义为法律之子,开启了19世纪实证主义、实用主义的先河。密尔在继承前人思想的基础上,对自由进行了最重要的阐释,扩展了自由的内涵,除了消极自由的含义外,为自由加入了积极的因素,将国家职能进行了扩展,成为以现代自由主义取代传统自由主义的开端。尽管如此,在个人与国家的关系问题上,以边沁和密尔为代表的19世纪功利主义思想家们,仍然是站在个人权利一边,将国家和政府存在的目的定义为是否能够最大限度地维护个人权利。而此时的权利仍旧是免于国家干预的消极自由权。

(三)以自由权为核心的公民基本权利国家保护义务

在有关个人与国家的关系问题上,经过文艺复兴、宗教改革的影响,人的主体地位被抬高。最后经启蒙时期思想家阐释，个人由被动的义务履行者变成了拥有权利的主体，个人权利成了国家权力赖以存在的基础。启蒙思想家借助人人生而具有的、不可剥夺的自然权利论述了国家的起源和国家存在的目的，在个人与国家的关系中，站在了个人的一面，将国家视作满足人类需要的工具，国家权力的存在是为了满足个人权利的需要，国家义务的内容是由权利的需要决定的，国家义务限制了国家权力的行使。

启蒙思想家奠定了个人与国家关系的基础，此后随着人们对权利内容理解的不同，国家义务的内容也随之发生了变化，对国家权力限制的边界也有所改变。霍布斯将最基本权利定义为自我保存，国家主要履行和平与共同防卫的义务；洛克赋予财产权以神圣意义，国家的主要义务就是对生命、自由和财产权的保护；卢梭更是将天赋人权思想加以最大限度的发挥，主权在民使得人民的同意成为国家合法性的基础。这一时期的自然权利思想以批判旧制度为主，随着资产阶级革命的完成，人们开始不再以自然权利作为理论武器，而是转而论述进入国家生活，取得公民资格的公民所拥有的法律权利问题。政治理论思考的主题转变为如何更好地行使国家权力保护公民权利，对人类自由含义的理解也开始拓展，由最初对安全的追求，转而论述人们的经济自由。对国家义务由对安全的保障到开始强调国家履行消极义务，免于对经济生活的干预，倡导国家的"守夜人"角色。

由启蒙思想家加以阐释的天赋自然权利思想，经由资产阶级革命最终以宪法的形式得以制度化，使得先于国家和社会而存在的人们生而具有的自然权利转变为由国家加以保障的公民基本权利。从美国《权利法案》、法国《人权宣言》、英国《权利法案》以及《挪威王国宪法》等近代早期的宪法来看，自然权利制度化的内容主要是将以下几种权利法律化，主要包括生命权、自由权、财产权和平等权等核心性权利，也包括惩罚权、同意权、反抗权和追求幸福权等派生性权利。这一时期的基本权利体系主要是围绕着这些自由权的确立和保障建立起来的。

这一时期的自由权主要包括个人政治自由、个人精神自由、财产权、人身权利等。政治自由的范畴主要指言论自由、集会自由、出版自由、请愿自由。政治自由在近代基本权利体系中占有重要地位，是规定的最多最普遍的权利。这是近代宪法公民与国家及强权政府博弈的法律成果。个人精神自由在这一时期主要指的是宗教信仰自由。财产权在近代基本权利体系中有着最为重要的宪法地位和价值，各国宪法普遍采用了财产权的绝对保障模式，宣告个人财产神圣不可侵犯。人身权利主要指人身不受侵犯、住宅不受侵犯的权利。

所谓自由权，是指排除国家权力干涉与强制来实现的基本权利类型，其权利内容是实现自由的行为。自由权作为一个范围广大的权利域，学界通常将我们所认为的公民权利和政治权利的核心称为自由权。这种权利的划分方式主要是与权利同国家发生的关系相关的。自由权是指免于国家干涉的自由，被视为是对国家权力的防御性权利。在自由权免去了"受益权"的内涵之后，自由权等同于防御权。

近代基本权利体系是以防范国家权力侵犯的姿态建立起来的，国家权力在承担消极防御的过程中承担了对基本权利的消极保护义务，也就是如果国家对个人自由不加以侵犯和干涉，那么公民的基本自由便实现了。

第四章 现代公民基本权利确立的国家义务

　　以自由权为核心的近代基本权利体系奠基于古典自由主义的基础之上。边沁与密尔作为19世纪自由主义的集大成者，仍旧继承了早期自由主义的思想，主张政府对消极自由的保护义务，防止政府干预经济生活。但区别于早期自由主义者，他们提出的有限国家理念，明显区别于早期自由主义的有限国家理念，开始强调国家在保障公民权利方面的积极责任问题。政府行为和法律制度只有在有助于实现最大多数人的最大幸福时才具有正当性。功利主义思想的出现和发展为现代基本权利中国家积极义务的确立储备了理论资源。

　　19世纪末，随着资产阶级革命和工业革命的发展，贫富不均等社会问题日益严重。匡正古典自由主义的自由放任状态，建立一个平等、公正的社会新秩序，将平等与公正的价值引入自由中，成为迫切的理论及现实问题。保障公民基本的社会生活权利获得了越来越多的支持，将社会性权利纳入宪法，使得1919年的《魏玛宪法》成为现代宪法的开端。在近代宪法的基础上，它创新了基本权利体系的价值与理念，发展了基本权利的内容，扩大了基本权利的主体，使人们对公民基本权利的内涵、价值和国家保护义务有了新的认识和理解，在随后不断的发展中，现代基本权利体系形成。

　　依据对自由权的界定，所谓社会权是指在与国家的关系中要求国家积极作为的一系列基本权利的概括，具有积极权利的属性。在规范上，体现为国家实体性积极作为的义务。①人们对社会权的关注使得在传统的国家与公民关系问题上,出现了新的认识。国家除了维持基本的保护性义务外,开始负担起更多的积极义务。本章则以社会权观念的出现,及人们在对待这些具有社会权属性的权利问题上的看法，来揭示权利观念如何影响了我们对国家的理解。

一、社会权观念的历史发展及价值诉求

(一)社会权观念的历史发展

人们对社会权的认识经历了一个漫长的发展过程，保障成员的基本生活需求,是任何一个政权维系的根本,所以对成员社会福利的关心,即使在最专制的政府,也是政府的基本职能。国家提供社会福利的模式与人们对享有社会福利主体的认识紧密相连，人们对享有社会福利的主体及社会福利内容的认识,经历了一个由强调人的物质需求到强调人的权利的转变,社会福利的供给也经历了由恩赐、慈善到保障权利的过程。

1.《济贫法》与社会福利

英国在1601年颁布的《济贫法》最先将公共权力对社会福利的关注与传统纯粹慈善性质的贫困救济相区分，但在当时自然权利学说刚开始由霍布斯进行论证,人们的自然权利更多体现在自我保存层面,并未有社会权的含义。这时的福利供给更多的是与惩罚和屈辱相联系的,还未具有现代意义上的权利属性。尽管如此,《济贫法》仍被视为是最早将原先的私人救助活动转变为国家的责任,由国家明文规定实施社会福利的标志。它的主要价值目标在于由国家公权力为生活贫困者提供最低限度的物质救济。在解决贫困问

---

① 学界通常将公民基本权利分为自由权与社会权。就社会权来说,美国学者称为积极权利或社会福利权;日本学者称为社会权;德国学者称为社会基本权利;国内学者一般称为社会权或公民社会权。社会权所谓实体性作为义务是指不包括以建立正当程序为内容的间接性的积极作为,是以建立正当程序为内容的积极作为义务,属于国家保护性义务的一部分,相对于社会权,自由权也要求国家的这种保护性义务。

题的同时强化了主权国家的社会职能,并以此提升对公共权力的合法性认同。

《济贫法》的实施加剧了人们的税收负担,使接受救济者产生依赖心理,招致了来自各方的批评。以亚当·斯密为代表的自由放任主义经济学理论者认为,最有效率的体制是以自由放任为基础的。由每一个独立的个体去积极追求自己的个人利益,通过市场这只"看不见的手"的调节,其结果必然会导致普遍的社会福利,国家此时无需对穷人和社会福利给予任何关注。罗伯特·马尔萨斯认为,贫困是个人对抗社会失败的后果,贫困的主要责任在于贫困者自身,由国家出面出台福利政策不利于解决整个社会的贫困问题。赫伯特·斯宾塞认为,贫困是优胜劣汰的结果,不需要政府的救济。

尽管人们质疑《济贫法》的价值,展开了各种批判,但到了19世纪中后期开始,人们开始反思国家职责。区别于带有惩罚性质的《济贫法》,国家的社会政策与国家的社会立法开始不再以惩罚贫困者为目的,而是将国家的福利政策作为维护社会安定团结、保障社会发展的重要手段。在19世纪末20世纪初期,随着市场万能神话的破灭,社会公平、社会福利问题日益重要,强调国家对于社会秩序与社会发展的义务与责任问题成为理论探讨的主题。

2. 格林、霍布豪斯对自由与国家社会职能的理解

19世纪后期的社会民主主义和科学社会主义等理论在有关公平、自由、义务和国家社会职能等问题的认识上都超越了古典自由主义。而在自由主义内部,这一转向是由格林、霍布豪斯完成的。他们对于平等、权利、义务以及国家社会职能等方面的认识,为通过国家的力量来克服不受限制的市场竞争提供了哲学基础。

托马斯·希尔·格林对自由主义进行了唯心主义的修正,关于自由主义思想所作的阐释,体现在格林于19世纪80年代发表的题为"开明立法与契约自由"的讲演中。边沁认为对自由的唯一限制只能源自法律,格林将之称为"消极自由",与这种"消极自由"概念相反格林提出了"积极自由"的概念。在格林看来,"自由并不仅仅意味着法律上的自由,真正的自由是个人按照现有的条件发展个人的能力,是真正的分享社会价值的能力,并且这种能力能为共同体做出更多的贡献,自由是能够去做或去享受一切有价值的事物的

积极的能力"①。格林整个理论的核心原则就是个人与其所在社会的相互依存关系。所有人应被看作目的而不是手段,一个真正开明的社会,"它的目的是不能低于给予一切的人道德自觉和道德尊严的权利,他们既是人格的条件,也是人格的当然权利"②。萨拜因评价格林完成了双重任务:"一方面,他在十九世纪末二十世纪初为自由主义赢得统治整个一代英、美哲学的思想运动,另一方面,他修正了自由主义,以应付正确的反对意见,这种反对意见认为自由主义主要表达了社会中某一个阶级的利益, 这种自由主义所表达的自由观念不利于整个社会的稳定与安全。"③格林对自由的修正,使自由主义在一定程度上开始由个人主义转向集体主义, 但总体上格林的自由主义仍旧站在个人自由一方,而未走向整体主义和国家主义,这主要通过其国家观得以表现出来。

在有关国家的作用与职能方面,格林受到了黑格尔国家有机体学说的影响,格林也将社会视为一个整体,没有社会的存在就没有个人自由。在国家具体承担的职能方面,以格林和鲍桑葵为代表的自由主义理论家,不主张国家承担太多、太具体的社会职能。国家应当尽可能地为每个人实现道德的善和自由创造必要的条件,为国家所有成员的共同的善提供最基本的保证。鲍桑葵一直被理论界视为是格林最优秀的学生和格林思想最重要的整理者与阐释者。在鲍桑葵看来,国家不仅仅是一个政治组织,"国家是我们生活的飞轮"。每个人的知识和能力总是有限的, 我们必须接受国家来弥补不足,"国家是大写的个体精神"。如果从这个角度来认识国家,我们找不到对国家权力进行限制的理由,因此这个理由不能从国家本身寻找,而只能从组成国家的个人中去寻找。个人的真实意志在国家中表现为个人的权利,个人的权利在整个社会中表现为一个复杂的权利体系。国家存在的目的只能从这个权利体系出发来寻求,因此国家权力就应当受到这个权利体系的限制。国家的目的和个人的目的是一样的,就是道德的目的,都是为了实现最美好的生活。权利就是国家作为最高权威所承认的种种要求,国家的行动就是维护各

---

①　[美]乔治·霍兰·萨拜因:《政治思想史》,刘山等译,商务印书馆,1990年,第799页。

②　同上,第801页。

③　同上,第796页。

种权利。①格林和鲍桑葵的理论为公民社会权理论的发展提供了基础,但二人都不赞成任何意义的国家福利。

作为牛津唯心主义学派的另外一位代表人物,霍布豪斯在国家承担具体的社会职能方面则提出了更为积极和明确的主张。霍布豪斯继承了格林有关积极自由的主张,认为真正的自由不仅仅是指不受限制的消极自由,而必须包括有关人性的全面发展。社会与国家只有建立在全面实现人的个性的基础上,否则这个社会的基础是不可能牢固的,自由不仅仅是个人的权利,更是社会与国家得以存在的必须。②关心个性自由发展的社会必然关心平等的价值,为此,霍布豪斯提出了他的"机会平等"主张,平等只能建立在个性的全面发展基础上,这种平等不仅仅是法律面前的人人平等,更是每个人机会的均等。这种平等不再仅仅是原始权利的平等,也不见得一定是对所有人一视同仁。在一个完善的社会制度里,如果人们在收入、社会地位、实际待遇、职位等方面存在某种程度的不平等,这也仅仅是出于共同利益的需要而存在的。③霍布豪斯指出了国家对于个人的责任,"共同体的……责任在于为人们提供足以维持最低生活的需要"④。在霍布森的思想中福利自由主义的特征表现得更为明显,一个得到有效治理的国家,国家应以有效的社会支出来解决民众生活中的贫困问题,并将其作为国家最为基本的义务与职责。⑤

牛津唯心主义学派的理论对公民社会权理念的产生有多重影响,其最主要的影响在于强调权利的社会本位而不是个人本位。公民社会权利的产生依赖于权利社会本位的确立,唯其如此才能使公民权利不再仅仅限于公民权利和政治权利这种消极权利。格林秉承了那个时代人们对自然法和自然权利论的置疑,并没有将权利同早期自由主义所强调的生命、自由和财产权等联系起来,而是将它同公共福利结合起来。格林对自由主义的重新解释消除了早期古典自由主义理论中政治与经济之间存在的严格的界线。早期

① 张甜甜、吕廷君:《鲍桑葵的自由观及其宪政意义》,《山东社会科学》,2006年第6期。

② [英]霍布豪斯:《自由主义》,朱曾汶译,商务印书馆,1996年,第61~62页。

③ 同上,第65~66页。

④ [美]巴巴利特:《公民资格》,谈谷铮译,桂冠图书公司,1991年,第175页。

⑤ 王元华:《社会公民资格权利研究》,苏州大学,2006年,第44页。

自由主义者依据政治与社会之间的界线，强调国家不能干涉自由市场的活动，总是以怀疑的眼光去看待国家，并将国家的活动限制在极其有限的范围内。格林的自由主义却相反，承认国家对"积极自由"有所贡献，国家应该比以往提供更多教育和医疗服务。

3. 马歇尔公民资格理论与公民社会权

英国社会学家T.H.马歇尔对公民社会权思想做出了最为重要的贡献。马歇尔受霍布豪斯、涂尔干、韦伯和曼海姆等人的影响，将社会视为一个相关活动的社会体系，构建了一个将公民资格三分的理论框架。马歇尔分析了构成公民资格的三个要素：第一个要素是公民的要素，主要包括公民的人身自由，财产权以及订立契约的权利，思想、言论和信仰自由的权利，司法权利等基于个人自由而必须的权利；第二个要素是政治的要素，政治的要素是指公民参与政治生活的权利；第三个要素是社会的要素，社会的要素是指从经济福利与安全到分享社会遗产并过上文明体面生活的权利。与第一种要素联系最紧密的国家机构是法院；与第二种要素联系最紧密的是作为立法机构的议会；与第三种因素联系最紧密的是教育机构和一些社会服务机构。[①]马歇尔将公民资格权利的发展看作是一个线性的过程。18世纪人们争取的是做人的基本权利，主要包括思想、言论以及信仰宗教的自由和享受法律公正待遇的权利；19世纪人们争取的更多是公民的政治权利自由，主要是选举权与投票权等参与国家生活的权利；20世纪人们争取的是公民的社会权利，主要是指公民享受最低经济福利和社会保障的权利。

马歇尔阐释的公民资格理论，核心问题是要解决公民权形式上的平等与经济和社会权实质上的不平等所存在的紧张关系，他希望通过扩大公民资格的方式，容纳这一矛盾。公民权利和政治权利的提出及实现为社会权利思想的发展提供了坚实的基础，公民权利成为公民集体谈判的基础，政治权利促进了公共舆论的形成，公民权利和政治权利的行使增强了争取社会权利的压力。马歇尔最主要的贡献是将公民社会权的思想加入到公民资格理论中。改善自己和使自己文明化是每个人的义务，也是整个社会的义务，社

---

① 应奇、刘训练主编：《公民身份与社会阶级》，江苏人民出版社，2007年，第7~8页。

会的发展依赖于组成社会的成员的文明化程度，这也是马歇尔提出公民社会权的主要目的。

1942年《贝弗里奇报告》的提出及逐步制度化，成为马歇尔提出的公民社会权最为可靠的社会实践。以《贝弗里奇报告》为蓝本，英国创设了现代社会福利制度的一系列法案，福利国家出现，并引起世人注意。

综上所述，以二战为分界线，从1919年德国《魏玛宪法》开始，要求国家履行积极干预义务的社会权开始引起了理论界的关注。同自由权具有深厚的先验性自然权利基础不同，社会权的出现更多的是基于实证的需要。尽管魏玛宪法中规定了大量的社会权，但并没有得到认真实践。二战后，社会权才逐渐与自由权一样具有了先验性基础。贝弗里奇、马歇尔和理查德·蒂特马斯等人的努力以及二战孕育的福利国家的思想，为二战后大规模出现的福利国家制度提供了基本依据。社会权开始成为人民应当享有的权利，并受到国家的保护。

（二）社会权的价值诉求

二战后的日本、德国以及许多经济落后的发展中国家，先后在国家的宪法中或以判例法的形式肯定了一系列以肯定人的尊严为核心的包含社会权在内的基本权利体系。一定程度上，"人的尊严"的价值的确立使得社会权具有了先验的基础。但是有关社会权的争议一直没有间断。本书在这部分主要阐述对公民社会权持肯定态度的观点，通过社会权自身所具有的价值，以此证明社会权的正当性，社会权的价值并不仅仅来自实证的需要，其价值不仅在于实定法本身，更因为其有先验的价值基础，为此国家既有通过立法等各种手段来确认社会权的法律义务，也有保障公民社会权的道德义务。

1. 社会权与平等

公民社会权首先体现了人们对平等这种社会价值的追求。平等体现的是在人类的社会关系中人与人之间相互对待的一种理想情境。平等观念包含两个方面：为什么平等？什么方面的平等？在整个人类社会长期的发展过程中，人们感受更多的是基于各种原因所导致的人与人之间的不平等。所以，平等在整个人类的历史长河中成为一项原则、一个理念，是人类争取自身解放的一个价值目标。

在近代早期针对神权与君权，启蒙思想家将更多的精力用于论证为什么平等。自然法思想的复兴和自然权利思想的兴起，人类"为什么平等"在霍布斯和洛克的思想中，就成了源自于人本身所具有的理解自己权利和义务的理性能力。功利主义者在回答"为什么平等"时抛弃了天赋自然权利的思路，尽管他们依旧从人性出发，但他们将这种人性归结为所有人都共同享有的体验快乐和痛苦的能力，对平等价值的确认有利于实现"最大多数人的最大幸福"。由康德提出的每个人作为拥有理性的人，每个人作为自己的道德主体，每个人都是目的而非手段，成为对"为什么平等"最有力的论证。总之，经过几代人的努力，平等作为一项社会价值已经得到了普遍的认同。在"为什么平等"这一问题已经解决后，现代人们最为关心的问题是解答"什么方面的平等"这一问题。

"什么方面的平等"成为现代社会亟须回答并极具争议性的问题。在关于"什么方面的平等"问题上，理论界已经分成了不同的理论派别，如诺贝尔经济学奖得主阿马蒂亚·森提出能力平等论，美国当代最著名的法学家罗纳德·德沃金提出资源平等论等，都对平等问题给予了强烈关注。就我们所讨论的社会权而言，社会权的提出体现的恰恰是人们对平等的要求，没有任何物质保障的平等的公民权和政治权，最后就会沦为虚假的政治言辞。社会权对平等的要求体现得更多的是对机会平等的要求，因为每个人在家庭出身、智力、体力以及相貌等方面都存在差异，不可能做到完全相同，因此在未来的生活中人们获得的机会是不平等的，人与人的不平等成为每个社会的必然。所以，社会权所追求的机会平等要求人们得到平等对待，并尽可能提供资源使人们能够充分地分享全部的社会资源，使每个人都能按照整个社会的一般标准过文明而体面的生活。①

2. 社会权与自由

缺乏物质基础保障的自由权是一种空洞的自由权，自由若不能得到实现，对于权利主体而言，就没有任何意义。20世纪90年代印度学者阿玛蒂亚·

---

① 王元华：《社会公民资格权利研究》，苏州大学博士学位论文，2006年，第88~94页。

森提出了著名的"能力理论"。森认为应该改变过去人们对贫困的认识,贫困不能仅仅以个人的经济收入作为衡量标准,真正的贫困源自个人的实际能力,因为贫困的真正根源在于个人能力的不足,正是这种能力的不足导致了人们的贫困。此时的能力就是一种"自由的概念",它代表了一种真正的机会。

没有能力并不意味着需要权利的保护,但这种能力的缺失如果是由于社会原因造成的,则需要社会权的保障。在整个资本主义工业社会的发展过程中,人与人之间的不平等出现的原因越来越多地应该归结为社会的原因。现代社会自由放任的经济政策,使得自由与平等被严重地分割开来,现代社会越来越需要一个新型的政治经济秩序,每个人都应该享有生存的权利,并且这种生存权的标准被逐渐提高,不再仅仅是基本的生存,而是要求人们能够活得更加舒适。此时国家不能再仅仅满足基本的消极自由保护权,而是应该承担起更多的义务,以经济和政治的手段尽可能地满足人们日益增长的权利需要。[1]南非宪法法院在2000年的判例中也强调,所有的权利都具有内在相关性。只有尽可能实现公民的社会权,才能够使人们充分享有"权利法案"中规定的其它权利,如若没有足够的衣服、食物和住房等基本物质保障,人们是不可能享有真正的自由、平等和尊严的。[2]

现代社会对自由的这种认识,体现了传统社会消极自由观念被现代社会积极自由观念的替换。社会权观念的出现就是源自人们对自由的重新理解,社会权所追求的价值其本身就是自由价值的一部分。对于个人来说,积极的自由是非常重要的。没有足够的物质保障,就不会有人类的尊严和自由。从整个共同体的价值角度来看,个人的权利组成了共同体的目的,为了人类的自由,只要这个要求是可能实现的,这种权利在宪法上就应该能够被主张。

尽管社会权对自由的实现有着重要的意义,但两种自由在价值上还是存在着一定的区别的。传统的消极自由权构成了整个国家存在的基础,当消极自由与积极自由发生冲突的时候,国家不能为了片面地追求社会权而造

---

[1]　转引自夏正林:《社会权规范研究》,中国人民大学博士学位论文,2006年,第76页。

[2]　夏正林:《社会权规范研究》,中国人民大学博士学位论文,2006年,第76页。

成对自由权的威胁。从自由权实现的角度来说，社会权的价值是值得追求的，社会权本身就构成了积极自由价值的一部分。

3. 社会权与社会正义

社会权是否体现了对社会正义的追求，既有如哈耶克这样的学者持坚决的否定态度，也有如普兰特等人持积极的肯定态度。无论如何，对社会权的探讨，都使人们开始思考社会正义问题。

社会正义最早出现在19世纪的政治争议中，社会正义包含了努力把社会整体分配模式与正义相协调这一观念。就社会正义而言，有两种主要的观念：一种体现为赏罚和功过，一种体现为需求和平等。第一种观念要求每个人的社会地位和获得的物质报酬应该尽可能地与他们的功过相一致，体现了"机会均等"和"按能择职"的要求。第二种观念是指应依据每个人的不同需要来分配物品，它与平等思想密切相关。两种观点涉及的争议是，在第一种观点中，体现为如何衡量个人的功绩；第二种观点体现为如何确定人们的需求。

当今社会通行的社会正义阐释就是尽可能使对需求的要求和对功绩的要求相调和，一些社会资源可以基于需要通过福利国家的形式进行分配，其它资源可以通过市场按照功绩进行分配。在功利主义看来，应该以是否满足"最大多数人的最大幸福"为原则进行分配，只有依据这一原则进行的分配才是最符合社会正义的分配。罗尔斯则提出了一种选择的理论，在《作为公平的正义：正义新论》中，他将两个正义原则表述为平等原则和差别原则，平等原则是指每一个人都拥有与他人同等的、不可剥夺的权利；差别原则是指在机会平等的前提下，对个人自由的限制只能是为了保护处于不利地位者的最大利益。①

针对社会正义，诺齐克和哈耶克等人则彻底摈弃了社会正义的观念，他们认为社会正义的观念是以官僚体制取代了市场经济，寻求社会正义的活动干涉了个人自由，正义是过程性的而非结果性的。是否存在社会正义和如何确定社会正义存在巨大的差异，社会正义不足以构成公民社会权存在的

---

① ［美］约翰·罗尔斯：《作为公平的正义：正义新论》，姚大志译，上海三联书店，2002年，第70页。

合理依据,但社会正义却是公民社会权所追求的目标。公民社会权的确立只是为了保证自由价值的普遍可获得性,公民社会权内含的平等只涉及机会而不涉及结果,它并不打算取代市场的分配,对所有人而言它是一组共同的权利,通过社会权提供的平台,人们避免来自市场的排斥。[①]

4. 社会权与社会整合

社会整合是目前社会伦理学体系的核心范畴,社会权思想的提出一定程度上就是以此为目的的。《社会学词典》将社会整合定义为,协调整个社会中由于各种原因而形成的各种群体、阶级、阶层之间的冲突和对抗关系,使这些冲突与对抗消除隔阂重新成为一个统一整体的过程,也称为社会一体化。不少学者将社会整合、社会团结、社会凝聚力和社会一体化当作同一概念交替使用。

社会权的提出及其被保障,对社会整合具有明显的效果。社会的不平等对社会整合具有极强的破坏力,而社会权的提出本质上就是要求人们被平等对待。或者按照马歇尔的理解,整个社会各阶级之间的不平等关系之所以能够被所有阶级接受,是因为所有的公民权利都得到了社会平等的对待。在社会中,处于最不利地位者要想被整合进社会就必须依赖于公民社会权的存在,正是这种权利的存在表达了所有公民的平等地位,并使每个公民都有可能过上一种体面的、有尊严的生活。公民的社会权构成了整个社会对社会成员平等价值的尊重,并使人们认为这种承认是可以被实现的。[②]

将社会权作为一种有效社会整合的机制或手段,既有观念层面的因素,也有其所带来的实质性利益方面的因素。因为赋予人们平等对待的权利,会影响到人们的政治认同,使社会的不平等变得可以容忍。通过社会权使人所获得的实质性物质利益,使社会整合变成真正的可能。

人们对社会权发挥的社会整合作用,经历了一个由克服贫困到减缓社会排斥的过程。社会排斥所针对的是那些没有受到社会保护,并被认定为问题群体的一类人。社会排斥概念的出现表明了人们对贫困概念的新认识。传

---

① 王元华:《社会公民资格权利研究》,苏州大学博士学位论文,2006年,第98~99页。

② 同上,第104页。

统的贫困概念是一个静止的概念,主要关心的是人们的收入水平,而后的发展是人们认识到缺少能力、缺少机会(社会剥夺、社会排斥)同样使人们处于匮乏状态,这也是一种贫困。此外,除了经济的不平等引发的社会排斥,还有因为文化属性而引发的社会排斥。二战后的福利国家实践,通过实施社会权而实现社会整合的目标基本实现。随着当代世界各国日益突出的文化多元化的特征,如何有效地解决这些基于文化多元化而产生的社会排斥,成为学界关注的焦点。

综上所述,社会权的出现首先出于实证的需要,但通过对社会权本身所具有的价值诉求来看,无论将社会权作为具有平等和积极自由属性的权利,还是将社会权看作实现社会正义,促进社会整合的手段,社会权的提出无疑是既具有理论价值又具有实践价值的重大社会发现。

二、保障社会权实现的福利国家理论及其困境

(一)基于社会权理念的福利国家理论

公民与国家的关系经过启蒙思想家的论证,成为公民与国家二者之间的权利和义务问题。国家的存在以保证公民权利为目的,随着公民权利的扩张,国家义务的内容也逐渐发生着改变。公民个人权利和政治权利的确立,使得资本主义国家确立了基本的法律制度和民主制度。而随着社会权观念的产生,社会福利制度和福利国家成为人们对国家的又一期许。

1. 作为社会权现实保障的福利国家

福利国家是 "一种由国家通过立法来承担维护和增进全体国民的基本福利的政府形式"①。福利国家主要指国家制定的一系列以国家投资的形式,实现公民免费的教育、健康等基本公共服务的社会政策,也在一定意义上具有要求国家为了个人的利益,而必须积极地提供保证公民社会权的一系列

---

① [英]戴维·米勒主编:《布莱克维尔政治学百科全书》,邓正来等译,中国政法大学出版社,2002年,第854页。

社会保障措施。①

福利国家产生于20世纪40年代的英国，尽管福利国家是近代的产物，但关于人们对国家的社会功能的期许从国家产生之日起就已存在。就国家的社会职能来看，它经历了一个世俗化的过程。在近代之前，这部分职能更多地是作为国家的道德职能，而近代对人性需求的重视，使共同体负担了保护的职能。近代国家的产生，使公民的社会权有了诉诸的对象，产生了履行义务的主体。

福利国家的产生被解释为是人们对社会经济平等和保障要求的反应。它的发展被看作是对社会发展的基本要求的满足，是劳工社会运动的结果，所有的选民都较为经常地支持社会权的扩大。总之，福利国家在各个先进的工业化国家中都已经成长起来，而不管这些国家是否存在社会民主主义的工人运动。福利国家的出现也意味着国家自身及其功能和合法性的转变。福利国家在西欧国家的发展与民主化进化进程和物质福利的迅速增长相伴而生。人们一般认为，福利国家有利于实现社会保障、社会和谐和政治稳定，稳定了经济，减缓了社会的两极分化。尽管对福利国家是应该被看作安全网，仅限于确定最低福利标准，还是将福利看作是贫富再分配的媒介，形成较大范围的社会平等，人们之间存在重大的分歧，但福利国家所取得的成绩，及对福利国家依赖的社会成员人数的高比重，都使福利国家在现在和未来不会被轻易抛弃。②

福利国家的建立标志着公民社会权的确立，它包容了社会中不同利益集体的利益需求。福利国家给在国家中生活的公民提供了基本物质保障，增强了社会的整合能力，体现了对平等、自由和社会正义的新的理解。

2. 基于社会权理念的福利国家类型划分

福利国家的实质在于国家对社会生活，特别是经济生活的干预，这不同于早期自由主义对消极国家观的设想，也一直使得对福利国家的理解存在

---

① ［英］戴维·米勒主编：《布莱克维尔政治学百科全书》，邓正来等译，中国政法大学出版社，2002年，第856页。

② 同上，第855~856页。

争议,即是以个体自由为出发点来构架福利国家,还是以社会正义抑或以经济效率为出发点来构建福利国家。争议的焦点最终在于,国家对社会权的认识及对社会权可延伸的范围的认识。社会权的实现是以市场效率为前提,还是以社会平等正义为前提,成为指导福利国家类型划分的分界线。

依据对社会权的理解,及实现社会权的途径,学者们对福利国家进行了类型的划分。比较有代表性的是理查德·蒂特马斯和艾斯平·安德森。学者蒂特马斯在其代表作《社会政策》一书中将福利国家的福利模式分为三种基本类型,第一种模式类型是"补救型"福利模式,只有在市场和家庭都不能正常有效的发挥作用时,社会福利机构才临时发挥作用,代表国家是美国。在第一种福利模式中人们对社会权的认识更多停留在社会的临时救助层面,人们的权利更多是通过市场的作用来完成和实现的。第二种福利国家类型是"工业成就型"福利模式,在这种福利模式中人们更多是借助社会福利机构的作用来满足社会成员的社会权,人们借助于社会保险的方式使人们现有的社会地位受到保护,这种模式的代表是德国。在这种福利模式中,人们对社会权的理解更多地是在现有的社会各阶层间实现和谐与稳定,这种社会权观念不强调实现跨越社会各阶级与社会各阶层之间的平等化。第三种福利模式是"制度再分配型"福利模式,在这种模式中,人们主要致力于排除市场的作用,希望依据人们的需求为整个社会提供普遍的福利,并将国家提供的普遍福利与个人的有选择性福利政策相结合,其最根本的目的是实现社会团结和社会平等,其代表国家是坦桑尼亚,社会权在这里体现为全民的平等化。[①]

艾斯平·安德森在《福利资本主义的三个世界》中,依据国家、市场、家庭作为福利供给者与应赋予的社会权之间的关系,即社会权的延伸程度是由国家还是由市场来决定,对福利国家进行了三种类型的划分。第一种福利国家类型是自由主义福利国家,代表国家主要是美国;第二种福利国家类型是保守主义福利国家,主要代表国家是德国;第三种福利国家类型是社会民主主义福利国家,主要代表国家是瑞典。他以社会权的"非商品程度"作为衡量

---

① 刘超:《基于社会权理念的福利国家变革及其启示》,东北财经大学博士学位论文,2007年,第12~14页。

标准,如果将福利定义为公共性产品,则由国家负担起对整个社会的福利供给责任,国家平等地对待每一个公民的社会权利,不会因为公民在市场竞争方面存在的能力差异而差异对待其公民。福利政策的制定强调国家社会功能也就是国民收入再分配的有效实施。反之,如果将福利定义为私人性产品,市场是公民实现社会福利的主要场所,公民以市场化的方式实现福利,那么国家所能尽到的责任就仅限于提供最低层次的保护,履行消极的保护义务。①

尽管对福利国家类型的划分更多是一种理论的需要或称之为理论的假设,世界上的绝大多数国家在实现福利供给时并不是单纯的某一种模式在现实中的再现,但是对社会权及其实现的理解使不同国家在履行国家义务时选择了不同的道路。每一种模式提供的经验意义,都为人们探讨国家该如何更好地履行义务,保护公民权利提供了有益的借鉴。

(二)当代自由主义思想对福利国家的证成及批判

现代社会按照马克斯·韦伯的观点是一个"祛魅化"和价值多元的社会,现代社会的危机是合法性的危机。所谓合法性,"一方面是令统治者本人满意并由统治者（或其他人）广为传播以赢得支持的那种对统治的信任的特性;另一方面是人口中臣属的或被统治的集团、阶级或阶层所提供的支持的那种特性"②。

现代法律发挥着对现代社会进行整合的功能,现代性的危机一定程度上表现为现代法律的危机,权利理论是整个现代社会法律规范的基础,现代社会的危机在一定程度上就表现为权利理论的危机。权利理论的危机主要表现在两方面:一方面表现在传统的自然权利、天赋权利思想所遭到的批判。法律实证主义将权利看作法律的产物,权利产生于实证法,所谓自然权利更像是人们的自我欺骗。第二方面表现在一些社会法学派学者认为,由国家法律加以保护的公民基本权利的内容会随着时代和社会的发展而出现变

---

①　刘超:《基于社会权理念的福利国家变革及其启示》,东北财经大学博士学位论文,2007年,第12~14页。

②　[英]戴维·米勒主编:《布莱克维尔政治学百科全书》,邓正来等译,中国政法大学出版社,2002年,第440页。

化,法律对权利的保护会随着立法者意志的变化而变迁。要使现代法律继续发挥社会整合的功能,就必须对基本权利加以重构。当代政治思想家或多或少都在围绕着现代性的危机对政治生活进行重构。作为西方思想界最为主流的自由主义思想,在个人与国家的关系问题上,仍旧站在个人主义的立场上,为权利而战。此间既有对消极自由的坚决捍卫者如哈耶克、诺齐克,又有对公民社会福利权利的辩护者,他们在坚持自己立场的同时,阐释了自己对权利、对国家的看法。

1. 自由主义的平等主义对福利国家的理论论证

在20世纪50年代与60年代,绝大多数的西方国家都向着福利国家的目标进行了重要转变。但在罗尔斯之前,人们更多地将福利国家看作是在右翼的自由至上主义和左翼的平等主义之间的妥协。罗尔斯与德沃金的理论出现在20世纪70年代,为围绕福利国家进行的政治争论,提供了令人满意的框架。自由主义的平等主义的出现被认为为战后的福利国家提供了相应的哲学论证。

作为平等主义的自由主义者的代表人物,罗尔斯努力将平等的因素或福利的因素融入其正义理论中,他以一种新的社会契约论而不是功利主义的思想重申了其权利理论和正义理论。

罗尔斯在"社会契约论"的基础上阐释了自己的正义理论,罗尔斯用"无知之幕"来保证正义原则的公正性。社会基本制度规定了人们的权利和义务,并影响人们的生活。而现实的社会制度总会导致严重的不平等。所以,衡量一个国家的社会制度是否符合正义的原则,主要看该制度如何分配公民的基本权利和义务,以及人们在不同社会部门所实现的经济机会和拥有的社会条件。为此,罗尔斯在自己的著作中反复重申了正义的两项基本原则。第一项原则认为社会中的每一个成员同社会中所有其他成员一样都享有一种平等的权利。第二项原则表述为只有当依据正义原则使整个社会中最少受益者实现利益最大化,并在机会平等的条件下保证所有职务向所有人开放时,社会和经济中的某些不平等安排才被认为是公平的。

第一个原则也称为平等原则,主要是为了保证公民各种基本的平等自由,包括政治选举、言论、信仰、机会和思想自由、人身自由等,称为平等原则;第二个正义原则称为不平等原则或差别原则,承认人们在分配方面存在某些不平等,但这种不平等对每个人都有利,即使人们能力不平等,但也必须保证官职对一切人开放。在两个原则中第一项原则更为基本和优越。与放任自由主义不同,罗尔斯认为只是依靠效率不能构成正义的概念。人们随机拥有的权利,比如性别、家庭和财产等是没有依据的。只有将人类的财富当作集体的社会财富时,分配才能是公正的,不平等只有在有利于境况较差的人时才是可以接受的。

尽管在罗尔斯的正义理论中未对福利国家体制进行具体界定和分析,但其在经验上又与福利国家体制有着诸多重叠之处,比如其主张差别原则以保证最低受惠者的利益;主张国家适当地干预自由市场的运作,在保证经济效率的同时兼顾分配的公平和正义;主张国家应该免费或以某种政府补贴的形式实现每一个社会成员公平地接受教育和享有获得培训的公平机会;主张将自由民主同市场和再分配结合起来。①有人评价罗尔斯为平等主义的福利国家理论提供了哲学论证。

德沃金是20世纪末最为重要的自由主义法哲学家,他基于基本公民权利的平等主义使他成为当代西方主流政治法哲学界的领军人物。其理论特色是对个人权利的详尽论述,在自由主义遭受重大挑战与攻击之时,德沃金仍旧捍卫个人权利的传统思想,从各个方面批判了始自边沁的法律实证主义,认为边沁等人忽视了个人权利,提出了以保证平等权利为核心的新自然法学说。

德沃金强调了社会目标与个人权利之间的区别,社会目标是非个体化的集体政治目标,它鼓励社会内部利益和责任的交换,以实现整个社会的利益。个人权利是一种个体化的政治目标,个人对某种机会、资源和自由具有权利,只要这种权利有利于促进或保护一定政治状态的政治决定。德沃金认为在所有与个人有关的权利中,最为重要的是平等权利,所谓平等权利,就是人与人之间相互尊重和关怀的平等权利,特别是国家和政府要平等地尊重和关怀人民。

---

① 唐巴特尔:《罗尔斯的"公平的正义"与福利国家》,《求索》,2009年第4期。

为了认真地对待权利,德沃金强调必须接受以下两个观点,或是接受其中之一。第一种观点是强调人类尊严的观念,如果社会中的某个成员所遭受到的待遇同整个社会承认的人类社会正式成员的地位是不相称的时候,这一成员所遭受的待遇就是不公正的;第二种观点是政治平等的观念,在社会生活中即使社会和政治地位较低的成员,也同社会地位较高的成员一样有权得到政府同等的尊重和关怀。

德沃金作为权利的坚决捍卫者,在详尽论述了如何认真对待权利后,阐释了关于国家的理论。在论述自由社会必须尽可能地对有关好的生活或赋予生活以价值意义时保持中立立场,德沃金明确地阐释了以道德多元主义为标志的自由社会中的国家作用。国家保持中立是对公民的平等对待,自由国家本身便依赖于平等,平等在德沃金看来是基本原则,本身便是目的性的,是几何学上不证自明的公理。

同罗尔斯一样,在对待社会正义问题上,德沃金认为自由市场是存在缺陷的。德沃金将社会正义原则限于消除那些由先天或继承性等随意因素造成的不平等。因此,自由主义对平等的承诺将要求某种程度的再分配和一系列的福利权利,再分配需要调整的不平等是道德上随意的不平等,比如基因、才能等,不应当允许这种差别影响个人的生活机会。那些较少才能的人,可以以正义的名义拥有某种形式的再分配的权利。①

德沃金为捍卫公民的自然权利作辩护,不遗余力地强调公民拥有言论自由,具有批判政府的正当权利,强调非暴力反抗国家的权利,是坚定的自由主义和个人权利的捍卫者。其对社会正义的强调,对平等的捍卫,使他在捍卫自由市场的同时,强调了国家平等地对待公民的义务,为福利国家理论进行了哲学上的论证。

20世纪70年代,福利国家出现危机,暴露出许多体制弊端,罗尔斯不得不重新思考福利国家理论。经过比较,罗尔斯认为福利国家是不够正义的,并不能满足自由主义平等的诸原则。为此罗尔斯提出"持有财产的民主",在20世纪80年代新右派对自由主义的猛烈批评后,自由主义的平等主义者不

---

① 顾肃:《自由主义基本理念》,中央编译出版社,2003年,第481~492页。

再企图扩展福利国家,而是关注如何保存福利国家的残存内容。相对于新右派的不加限制的财产权,论证福利国家的必要性和正当性,以保持最低水平的再分配以减少贫困和提供基本的公共服务。①

除了罗尔斯和德沃金这些自由主义的平等主义者外,哈贝马斯作为20世纪最伟大的思想家,在批判社会契约思想的基础上,重构了基本权利理论,为构建国家义务理论提供了坚实的伦理基础。哈贝马斯对早期霍布斯、洛克和卢梭的社会契约和自然权利思想都进行了批判,认为这些假设无涉现实,是虚妄的人性;对罗尔斯的"无知之幕"进行批判,认为罗尔斯无非是将霍布斯、洛克和卢梭所代表的传统社会契约理论上升到了更高的抽象水平上,它的设计根本无视现实社会。

在批判社会契约传统的基础上,哈贝马斯将他"理想的言说情景"作为论证权利的立足点。"理想的言说情景"不同于社会契约是一种形而上学的虚构,是"实际交往的理想化"和"现实交往的规范化"。哈贝马斯以"交往合理性"取代"实践理性",以"话语原则"取代"道德原则"。现代权利理论失去了早期自然权利理论的形而上学基础,哈贝马斯则将权利的合法性原则建立在话语原则的基础上,将整个话语原则制度化,并最终以法律的形式体现出来。"话语原则与法律形式相互渗透,民主原则就产生于这两者的相互渗透,这就是'权利的逻辑起点'。"②

哈贝马斯认为,在社会的共同生活中人们需要以法律的形式来协调相互间的关系,那么人们之间必须相互授予权利。人们相互之间授予的权利系统由五类权利构成。③第一类权利是自由权,这是一种主体间相互的平等自

---

① [加]威尔金里卡:《当代政治哲学(上)》,刘莘译,上海三联书店,2003年,第174页。

② 夏宏:《哈贝马斯的基本权利重构理论》,《云南大学学报(社会科学版)》,2008年第4期。

③ 自由权是指"产生于平等的主体具有最大程度的行动自由之政治自治组织的权利"。成员资格权指的是"来自这样的政治自治组织的权利,其每个成员具有一个由法权人自愿组成的联合体之一员的地位"。平等地受法律保护的权利指的是"直接来自权利的可诉讼权的基本权利和出自个体受法律保护的政治自治基本权利"。这三类权利保证了个体选择的自由并因而使私人领域的自治成为可能。第四类权利保证了公共领域的自治。社会福利权利是"生活条件从社会上、技术上和生态上得到保证的基本权利"。参见夏宏:《哈贝马斯的基本权利重构理论》,《云南大学学报(社会科学版)》,2008年第4期。

由权,自由权的实现需要第二类"成员资格权利"和第三类"平等地受法律保护的权利"来作为相应的补充。第四类权利是政治参与权,它确保公民平等地参与政治过程和法律的制定。第五类是社会福利权利,所谓社会福利权是公民平等的利用上述四类权利的基础,如果没有对基本物质生活的保障,那么所有的权利都无从谈起。①哈贝马斯对基本权利的论证将消极自由权与积极政治参与权,将公民权利、政治权利与社会、经济、文化这两代人权都综合进了自己的基本权利体系中。

2. 消极自由主义国家理论对社会福利的批判

不同于自由主义的平等主义理论,自由至上主义者或称为消极自由主义者坚决捍卫市场自由,反对运用再分配的方式贯彻自由平等理念。在消极自由主义者看来,国家要解决的基本问题有两个:一是对于一个自由的社会来说,国家的存在是否是必要的;二是如果我们认为国家是一种必要的存在,那么国家的职能应该包括哪些,国家应该履行何种义务。

以哈耶克为代表的消极自由主义学者认为国家是一种必要的存在,但国家既不是社会契约的产物,也不是人们基于功利考量的产物。哈耶克以自生自发的社会秩序理论为国家理论的前提,相对于将国家看作是一种有目的的行为,显然将国家理解为建立在自生自发的秩序上这种论述更为合理并具有更大的优越性,因为只有这种自生自发的秩序能够确保人们享有基本的自由;只有这种自生自发的秩序才能够为个人自由的实现提供更多更为优越的条件。

相对于自生自发的社会秩序,国家带有强制性与计划性。为了自由社会的维续,应将国家的行为限制在最小的范围内。在自由与权利的问题上,哈耶克不同于其他消极自由主义者,他认为自由的真正基础是法治而非权利,权利是自由的衍生品。国家的作用范围非常有限,其对强力的运用仅限于保护个人自由的一般性规则。在这个意义上,国家行为的目的仅仅是对法治的保障,倡导的是一种法治下的自由。

相对于自由主义的平等主义者对社会正义问题的关注,哈耶克也对正

---

① 夏宏:《哈贝马斯的基本权利重构理论》,《云南大学学报(社会科学版)》,2008年第4期。

义问题进行了探讨,坚决反对"社会正义"观念,反对国家以"社会正义"的名义干预社会的再分配。哈耶克认为以"社会正义"的名义促进和保障自由的实现,"不但不能帮助人们实现自由、增加自由的机会,反而会以此构成对自由最为严重的威胁"①。赋予政府管制经济交换的权利必将形成中央集权,权力导致的腐败只会引向人们"通往奴役之路"。

不同于哈耶克,以诺齐克为代表的消极自由主义理论者,以自然法和自然权利思想来证明其国家理论,在对消极自由进行阐释的基础上,论述国家的产生及其职权范围。所谓自由指的就是人们在自然状态中所持有的一系列权利,这些权利主要体现在对财产的占有上,人们对财产的占有的前提是不会侵犯到他人的权利。尽管人们在前国家的自然状态中已经拥有了消极自由的权利,但因为生活中的诸多不便,比如暴力、偷窃等,在无形之手的指引下,国家才慢慢产生了出来。由于国家就是从自然状态中产生出来的,所以只要将国家职权限制在对个人权利的保护上,国家就可以保护个人的消极自由。②

个人权利构成了对国家进行限制的道德标准,个人拥有的权利意味着有些事情任何人都不得对其进行侵犯。个人权利不是道德目标,而是对其他个人行为和国家行为的有效约束。所以,只有最弱意义上管的最少的国家才能被证明合法。国家的职能仅限于防止暴力、偷窃等行为。诺齐克以其自然状态学说和个人权利学说证明了只有最消极意义上的国家才具有正当性和合法性。

在对待"社会正义"这一问题上,诺齐克同哈耶克一样否定了"社会正义"观念。在谈到分配正义问题时,诺齐克指出存在两种分配模式,一种是历史化的、非模式化的分配正义;一种是具有目的性的模式化分配正义。第一种分配模式仅仅要求用与个人相关的标准来确定权利的侵犯问题,第二种原则则要求用非个人主义的原则作为分配标准。在他看来,第二种模式化的分配原则,是不正义的。因为根本就不存在普遍公认的模式化分配原则,在

---

① [英]哈耶克:《通往奴役之路》,王明毅等译,中国社会科学出版社,1997年,第168页。

② 樊凡:《现代国家的构建:消极自由主义国家理论研究》,吉林大学博士学位论文,2010年。

自由社会仅能保证程序的正义性,不可能确保结果的平等性。所以,这种分配模式与自由社会是格格不入的,会侵犯个人所拥有的权利。因为个人的权利产生于历史中,非模式化的分配带有很强的任意性和随意性,并以人们的自由行动为基础,非模式化的分配模式才是正义的。那些试图以模式化的分配模式来证明国家职能的证明都是失败的,唯有最小国家才能证明国家的正当性。

在消极自由主义理论家阵营中,哈耶克和诺齐克从两种不同的角度展开了对现代国家的描述。哈耶克以自生自发秩序理论为基础,诺齐克以个人权利理论为基础批判了国家对市场的干预,认为唯有最小国家才具有正当性。消极自由主义者不同于无政府主义,他们肯定了国家存在的必要性,他们以消极个人自由为理论基础,将个人自由理解为免于国家任意干涉的自由。国家权力的边界或曰国家的义务仅限于以保护个体消极自由为目的。

(三)福利国家困境的"第三条道路"解决方案

二战后的福利国家是整个资本主义国家的骄傲,但到了20世纪70年代,福利国家陷入危机。人们开始质疑福利国家的价值,重新探讨国家的社会职能履行问题,及公民社会权的性质问题。上一部分我们探讨了在西方思想界占据主流地位的自由主义思想家内部在理论上对福利国家的证成与批判。在本书的这一部分主要探讨在福利国家的建设过程中,人们所遇到的理论及现实问题,希望为我们所探讨的整个国家义务主题提供不同的思路。

1. 福利国家所遭遇的困境

福利国家的困境首先表现在经济领域,在福利国家中国家在社会福利方面的支出持续不断的提高,福利国家的政府承受着越来越高的财政负担。到20世纪70至80年代,各主要福利国家财政赤字猛增,福利国家举步维艰。失业问题的凸显,使失业问题与福利政策陷入怪圈,福利政策提高了雇主的用工成本,用工的高成本使雇主雇佣的员工数量减少,而失业人员数量的增加使国家需要支付的福利增加。福利国家的高福利、高工资、高税收使福利国家在国际经济领域处于不利的竞争地位。

福利国家在行政领域也面临着许多急需解决的问题。福利国家主要表现为国家社会管理职能的扩大和增强,国家在履行这一义务时,必然导致国家工作机构数量及工作人员的增多,一定程度上造成机构臃肿。同时,庞大的福利机构增加了国家进行社会管理的费用。国家社会职能的扩大,使得国家干预的领域越来越多,造成政府权力的集中。众多管理部门的职能交叉,使得对公民权利的回应性差,高额的税收并未导致自己权益的被保障,福利国家的合法性下降。

同时,福利国家的高福利吸引了国际劳动力,但劳动成本的增加和高失业率使得部分福利国家开始出现反对外来务工者及外来移民的思潮,一度出现贸易保护主义。福利国家高昂的免费福利使得许多国民产生了"福利依赖",在社会中产生了"奖懒罚勤"的消极效应。因此,新经济自由主义者也就是上文所说的消极自由主义者批评福利国家为"懒汉的天堂"。福利国家在社会领域所遇到的另一个重要的困境表现为公民义务意识的日渐淡薄,公民将自己与国家的关系越来越多地定位于定期向国家缴纳税收,除此之外,人们对国家内部的其它事情并不抱有积极的情感,人们对政治事务没有参与热情、对公共事务责任感降低,主要表现在投票率和结社率的逐年下降。由于国家对养老、济贫等社会事务的干预而使个人对于家庭的责任感也逐渐降低,国家对社会事务的干预加速了现代社会家庭功能的萎缩。在这一问题上,不同类型的福利国家存在的问题是不同的。①

造成福利国家在经济、行政和社会领域举步维艰的原因是多方面的,既有来自整个社会环境变化带来的问题,如人口老龄化、社会风险变化以及劳动分工变化对福利国家提出的挑战,也有来自国家自身内部的问题比如市场领域对国家公共领域的不断入侵,消极自由主义者对市场的维护与对国家的批判,全球化浪潮对传统国家能力的削弱等。②

2. "第三条道路"的解决方案

福利国家的困境暴露了福利国家在僵化的制度与变换的环境间的矛盾,消极自由主义者也就是新经济自由主义者对福利国家的批判及纠正,在20世纪末爆发的经济危机中使得放任自由主义同样不得人心。在世纪之交,

①② 王艳霞:《福利国家的政治学分析——以公民资格为视角》,吉林大学博士学位论文,2004年。

资本主义国家进退维谷，"第三条道路"理论被提出。20世纪末社会民主党提出的"第三条道路"理论，是企图在传统的重视国家积极社会职能的社会民主主义和消极自由主义即重视市场作用的新经济自由主义之间寻找到一条"中间道路"。其理论核心问题是如何将社会正义与自由市场相结合。

在对社会正义的理解上，正义不再仅仅意味着获得物质资源，而且还包含个人是否有能力运用这些资源，对社会再分配应该由过去的"物质的再分配"转变为"可能性的再分配"，平等除了指公民权利和义务的平等外，更主要体现为机会的平等，人们需要的国家类型是能够为所有公民提供均等机会的理想模型。①

传统的社会民主主义注重个人权利，而忽视了公民的个人义务和责任。福利国家的困境一定程度上就体现为，人们更多将权利绝对化，而不去讨论权利背后的义务和责任要求，其最终造成了严重的社会依赖和道德风险。针对福利国家的这一问题，"第三条道路"理论着重强调个人义务的重要性，当纠正在现实的社会生活中人们只谈权利不谈义务，对权利的要求大于对义务的倡导时，指出"无责任即无权利"，在个人权利不断扩张的同时，个人的义务也应当相应的延伸。②在强调国家尽可能实现保障公民权利的义务的同时，补充了对公民个人义务的强调，这一理论主张应该由国家、社会、家庭和个人等几个方面共同努力承担相应的责任建设福利国家。此外，"第三条道路"还针对传统福利国家的"消极福利政策"提出了"积极福利政策"的概念。传统的"消极福利政策"主要用于解决已经发生的风险，主要目的在于维持生计，带有被动性。积极福利政策的目标是"培养人们的一种自我意识，这种自我意识使人们认识到自己不可以回避风险，不可以设想自己遇到的危机会有其他人予以解决，他们会积极主动地应对各种问题，只有如此才能完成自我实现"③。传统福利政策是维护人的生存，"积极福利政策"的目标是增强

---

① ［英］安东尼·吉登斯：《第三条道路及其批评》，孙相东译，中共中央党校出版，2002年，第90页。

② ［英］安东尼·吉登斯：《第三条道路：社会民主主义的复兴》，郑戈译，北京大学出版社，2000年，第69页。

③ ［英］安东尼·吉登斯：《超越左与右：激进政治的未来》，李惠斌、杨雪冬译，社会科学文献出版社，2000年，第201页。

人的生存能力,推动人的发展。①

在强调权利和义务并重的同时,"第三条道路"还强调团结互助的作用,国家不应操办一切,应变被动型福利为积极型福利。福利不仅仅是救济,更主要的是提高人的能力,以减少失业和不平等。在此基础上"第三条道路"理论提出了"社会投资型国家"这一概念。国家尽可能为国民提供自我实现的机会,"国家最好在可能的情况下只提供人力资本的投资,而不是直接提供经济上的救济"②。

在福利的供给和福利的接收方面,改变原来只有国家进行福利供给的传统。除国家外,社会、企业和个人都要承担为社会和自身提供福利供给的责任。在福利的接受者方面,强调福利供给的对象也应更加开放、更加多元,"一项好的制度只有它能够造福于社会中的绝大多数人口时才能在公民中间产生共同的道德,如果福利只具有其中一部分的消极涵义……那么它最终只会导致社会的分化"③。

"第三条道路"理论的核心是要解决福利国家所面对的困境。不同于消极自由主义者即新经济自由主义者将国家看作是祸害,他们十分重视国家在社会整合中的重要作用,明确指出在任何时候市场都不能取代国家,无论是在过去还是在可以预见到的未来,国家都在社会生活中承担着最为重要的职责。无论是大政府还是小政府,怎样才能对政府进行重构使其适应时代发挥作用才是"第三条道路"理论最为关心的问题。尽管在"第三条道路"理论提出后遭到了来自社会各界的批判,但该理论对国家职能的设想,对国家履行义务方式的设想无疑既具有重大的理论意义,也具有重大的现实意义,是对国家履行保障公民权利义务的积极探索。

---

① 王艳霞:《福利国家的政治学分析——以公民资格为视角》,吉林大学博士学位论文,2004年。

② [英]安东尼·吉登斯:《第三条道路:社会民主主义的复兴》,郑戈译,北京大学出版社,2000年,第122页。

③ 同上,第111~113页。

(四)寻求权利与义务的平衡

自近代自然权利观念提出以来,权利就是我们这个时代的最强音,公民成为我们这个时代最为活跃的人物。公民作为权利的主体,可以理直气壮地"为所欲为",在一定程度上,权利成为绝对化的东西,任何政治言辞都可以在权利的话语下得以绝对化。

美国作为受传统自然法思想影响最深的国家,尽管其一直未承认社会权的法律地位,但许多美国学者依然对公民的权利问题进行了反思。如美国学者玛丽·安·格伦顿在其《权利话语——穷途末路的政治言辞》中,对美国社会中出现的大量社会事实进行了阐释,明确了权利话语的绝对性对整个社会的危害,向人们描述了一个孑然而立的权利承担者的形象。

当世界许多地方的人们仍在为如何限制权力,保障权利而困惑时,许多学者已经开始反思权利问题。福利国家的困境,国家对社会事务的干涉,权利间的相互对峙,以自我为中心对公共事务冷漠的放纵心态,都促使西方发达国家的学者感到有必要重新思考公民的权利问题,以挽救国家和我们更为珍视的权利。

在探讨公民权利的时候,许多学者主张权利不能作为等价物与义务联系起来,公民权利是一种非经济、无条件的地位。而许多学者则对此观点提出了不同的解释,他们认为现代社会的困境,福利国家的难以为继就在于人们太多地强调了权利的获得,而对社会义务没有足够的强调。此处的义务指的是公民作为权利主体,在与他人及国家发生关系时所履行的义务。马歇尔作为公民社会权利最早的倡导者,在阐释其公民资格理论时就强调,"如果在捍卫权利时诉诸公民资格,那么就不能忽视公民资格相应的义务。这并不是要求个人牺牲他的自由或无条件地服从政府的每一项命令,但它确实要求个人应该在一种真实的、强烈的、对共同体福利的责任感的激励下行事"[①]。此时公民资格所包含的义务主要指纳税的义务、工作的义务、接受教育的义务和促进社会福利的义务,这些义务主要指的是一系列法定义务。

---

① 应奇、刘训练主编:《公民身份与社会阶级》,江苏人民出版社,2007年,第34页。

在马歇尔之后，学者们进一步将公民资格理论中的权利与义务联系起来。就这一问题雅诺斯基在其《公民与文明社会》一书中，提供了一个很具解释力的理论框架。雅诺斯基提出了有限交换与总体交换两个概念，有限交换指权利与义务是一一对应关系，总体交换指的是权利与义务并非一一对应，但在长时间范围内是大体平衡的。在有关公民资格理论中的权利与义务问题上，不同政治理论对其的解释是不同的。"自由主义立足于个人主义，公民自由权利以契约形式（有限交换）与仅仅最必需的义务相联系，社会民主或广泛民主理论立足于群体和个人的平等参与，公民的权利和义务通过总体交换和有限交换两种方式保持平衡；社群主义立足于强有力的社区等级制，社区义务通过长期关系（总体交换）与权利相联系而且优先着眼于捍卫社区福利。"①

此外，公民共和主义的兴起，在一定程度上，也是要解决有关公民权利与公民义务的平衡关系问题。威尔·金里卡在阐释其公民资格理论时则将"公民品德"（也称"公民责任"）看作是公民资格的应有内容，并将公民品德作为维系民主政体持续繁荣的重要保证来看待。德里克·希特认为公民共和主义复兴的最迫切的理由就是，在西方国家越来越多的人们没有偿付他们该付的费用，他们是"搭便车者"。"自由主义类型的公民资格理论强调个人的自由和权利。但在个人的自由和权利与对共同体的忠诚和义务之间，必须有某种平衡，不论这种平衡多么粗略。没有它，公民美德就将为自私自利所淹没。"②

这一部分对有关公民权利与公民义务平衡关系的讨论，一方面让我们认识到权利话语的有限性，一方面让我们认识到以社会权建构福利国家存在一定的限度。单纯地讲绝对化的权利，必然导致整个权利体系成为"绝对化的幻想"，作为社会的一员，在寻求自身权利的同时，必须首先做一名义务的承担者。在与国家的权利义务关系中，公民既是权利的拥有者，要求国家对其基本权利予以保障，同时，公民也应成为积极自足的主体为国家承担一

---

① ［美］托马斯·雅诺斯基：《公民与文明社会》，柯雄译，辽宁人民出版，2000年，第24页。
② ［英］德里克·希特：《何谓公民身份》，郭忠华译，吉林出版集团有限责任公司，2007年，第73页。

定的义务,以保证国家义务的实现。公民所承担的义务以保证国家能够履行相应的义务为限,国家的公权力是受到公民权利的限制的。

三、作为宪法权利的社会权与国家义务

19世纪末20世纪初是国家职能发生极大变化的时期,国家从对社会经济领域的消极不干涉转为对国家社会职能的强化,人们对国家有了更多的期待,存在一种广为流传的观点,"即国家(控制)的领域应当减少,但在具体问题上,公众永远要求更多而不是更少的政府行为"①。社会权作为一种规范性事实真正引起人们关注是从1919年德国《魏玛宪法》开始的。宪法文本中规定了大量的社会权条款,这些条款主要体现了对社会和经济生活方面的权利诉求。

尽管《魏玛宪法》规定了大量的社会权,但并没有得到认真的实践。直到二战之后,人们出于对战争期间践踏人权的反思,战后思想家对"人的尊严"赋予的超验地位,以及对公正、平等等价值诉求的提出,才使得对公民社会权的探讨得到人们的重视。尽管在思想界对社会权是否具有先验性,及社会权是否具有可诉性存在怀疑及争论,但就目前世界各国的宪法条文来看,世界大部分国家已经承认了社会权的宪法地位。②

不同于自由权,社会权的保障要求国家的积极给付,也正是基于人们对自由权的维护,防止国家权力对个人自由的干涉,使得对社会权的权利属性认定始终存在争议。尽管各国都将具有社会权属性的许多基本权利写入宪法,但在如何实现这些基本权利的保护上,人们还是存在异议。在这个方面,德国的公法学者做出了最为卓越的努力,在本文的这部分,主要介绍德国公法理论中有关公民基本权利及国家义务的相关理论,使人们更清晰地认识

① [美]斯科特·戈登:《控制国家——西方宪政的历史》,应奇、陈丽微等译,江苏人民出版社,2001年,第3页。

② 据夏正林博士在其博士论文《社会权规范研究》中的统计,有130个国家在宪法中规定了社会权的内容,占77.3%,还有一些国家虽然在宪法中没有体现社会权,但却以宪法法院判例的形式承认了社会权。

公民的基本权利与国家义务问题，以及如何更好地保护公民基本权利履行国家义务。

(一)基本权利双重属性要求的国家义务

无论在实践意义还是理论构建上，基本权利研究在宪法学和政治学研究中都占有重要地位。对公民基本权利的尊重、保护与实现构成了现代国家的正当性与合目的性。

1. 基本权利的界定

在许多地方，基本权利与人权同时使用，但从实证法的意义来看，基本权利不同于人权，基本权利是获得国家实证法承认的，具有法律效力的权利，人权则主要强调道德意义上的个人抽象的天赋权利主张。在抽象意义上，人权具有巨大的道德力量，但在各国的实践中，人们则谨慎地选择人权的内容，只将一部分人权写入宪法，给予实证法的保护。

公民基本权利与公民权利含义基本相同，在人权与公民权利观念的比较中，人权思想指的是在社会状态之前，人们基于人的本质属性所具有的权利，如生命、自由和安全等权利。而公民权利是指人进入社会状态，成为国家的一员，获得公民资格所享有的权利。权利的内容与各国的情况相联系，因此也更为具体。在这个意义上，公民权利与公民基本权利是相同的。只是在国家提供的保护与实现义务上，基本权利更为重要，基本权利依据的是某些权利对人具有的重要性而载入宪法所必须给予保护的权利。基本权利带有更多的道德性，具有更多的前国家或超国家特性，是国家必须给予保护的权利。而公民权利则更多地依赖于国家，是通过获得公民资格而具有的权利，基本权利对国家的约束力高于公民权利。

基本权利与权利的概念紧密相关，在个人与国家的关系中，权利是个人对其他公民或国家提出的要求，而基本权利是个人在宪法上针对国家提出的消极或积极主张。基本权利获得了基本的法律属性，是公民在宪法上针对国家公权力的权利，它载明于宪法，是公民要求国家作为或不作为的权利。在基本权利一词中，所谓的"基本"一词，在不同的时代，其确定方式具有不同的特征，具有较强的时代性。《布莱克维尔政治学百科全书》将基本权利理解为,"个人拥有的较为重要的权利;这些权利应当受到保护,不容侵犯或剥夺。其名目不可能完全穷尽,但包括生存权,免于饥饿、虐待和任意剥夺的自由权。载明这些权利的宪法能使之得到最大的保障"①。《牛津法律大辞典》认为,基本权利并不是一个精确的学术术语,基本权利相当于英美学者所指称的自然权利。有些人将基本权利定义为"要求每个人在与每个人的关系中必须遵守的那些权利",有人将基本权利明确为安全、生存和自由,有人将基本权利当作一种"核心权利",也有一些学者开始在一系列的权利清单中罗列哪些权利是基本权利。总之,这一时期人们对基本权利的认识主要指古典自由主义意义上的消极自由,是个人对国家的消极防御权,并不包含当前各国宪法中所含有的社会权内容。

在最近几十年的发展中,随着社会生活的复杂性,人们对权利的认识,及对于维护人的尊严的重要性的阐释,使得现在的基本权利已经突破了早期自然权利的内容,国家不仅负有尊重个人免于政府侵犯的义务,也需要承担积极保护和促进个人尊严实现的义务,社会权的内容被纳入了多数国家的宪法文本中,成为公民的基本权利,与自由权一起共同维护和促进人的尊严的实现。

总之,基本权利是各国公民享有的由宪法予以规定的个人权利,公民基本权利体现了在个人与国家的关系中,公民个人对于国家的要求,是公民要求国家从事某种行为或不做某种行为的权利。②

2. 基本权利的双重属性

基本权利是由宪法加以规定,由国家保护的公民权利。各国宪法都将基本权利作为最基本、最重要的权利,都肯定了基本权利的"权利"属性。权利表现在法律上体现为要求他人对自己的权益,履行特定义务的权能。基本权利理论首先赋予基本权利以主观权利的属性,基本权利首先是公民的一种主观权利。

所谓主观权利,是与客观法相联系的一个概念,客观法是指所有现行

---

① [英]戴维·米勒主编:《布莱克维尔政治学百科全书》,邓正来等译,中国政法大学出版社,2002年,第299~300页。

② 郑贤君:《基本权利原理》,法律出版社,2010年,第2~7页。

的、实证的法律规范的总和。"主观权利是个人在国家中的一种基本权利。个人追求的价值如果其目标和行为动机符合客观法的规范，那么个人的行为有获得社会认可的权利。"①法国公法学家莱昂·狄骥以其著名的社会连带理论阐释了主观权利与客观法的确立,他认为,人都是社会中的存在,不是抽象的个体。在社会中存在的人必然要与他人发生关系,由此就产生了相互之间的权利义务。在社会中存在的个人不仅在人与人之间发生关系,而且个人与国家之间也发生连带关系，因而确立主观权利与主观公权利具有重要意义。尽管主观权利以实在法或者客观法的形式表现出来,但权利并不来源于客观法。人生来就具有某种权利，这些权利是作为自然权利存在的主观权利。权利的产生和获得不依赖于客观法,客观法是基于人们相互之间的社会连带关系及为保护这种关系而制定的。

主观权利是各权利主体所享有的已经获得承认的权利的总和。德国学者哈特穆特·毛雷尔将主观权利定义为,是个人为了实现个人的利益,要求他人作为或者不作为的权利。②主观权利既包含司法中的主观私权利也包含公法中的主观公权利,民法上的主观权利即属于主观私权利,而所谓主观公权利是指"由法律赋予个人的一种权能,该种权能可以要求国家为实现公民个人的权益而作为或者不作为"③。

基本权利与主观权利有许多共同之处,"主观权利对个人与国家之间的关系具有重要的影响。主观权利使得基本法承认公民个人是权利的主体,赋予公民个人独立于国家的法律地位,并可要求国家遵守保障人的尊严和人格的法律规范,进而实现国家人权保障的效果。离开这些权利,公民可能成为国家活动的仆从和客体。保障主观权利是自由、民主、社会、法治国家的基本条件之一。因此,基本法颁布之后,主观权利得到了广泛的提高,基本权利是主观权利的特殊表现形式"④。同基本权利一样,主观权利也表现在它们都是个人要求国家为或者不为一定行为的权利,其实践意义在于司法救济。任

---

① ［法］莱昂·狄骥:《宪法学教程》,王文利等译,辽海、春风文艺出版社,1999年,第3页。
②③ ［德］哈特穆特·毛雷尔:《行政法学总论》,高家伟译,法律出版社,2000年,第152页。
④ 同上,第153页。

何公民的主观权利受到侵害时，都可以诉诸司法途径。

同时，我们承认基本权利具备主观权利的属性，并不意味着主观权利完全等同于基本权利。首先，主观权利强调的是个人相对于国家的优先性，个人拥有不以国家为前提的主观权利。基本权利主要强调一些权利相对于其它权利的重要性。其次，基本权利主要探究权利的重要性，强调哪些权利更为重要，因而需要国家的宪法给予保护。主观权利的重点是强调在个人与国家的关系上，个体相对于国家的独立地位。再次，基本权利与主观权利适用的领域和范围不同，基本权利主要约束国家权力，主观权利主要适用于行政领域。相比于基本权利，主观权利可以通过法院得以具体化，当主观权利被侵犯时可以诉诸司法途径解决。基本权利虽然也可以申请司法保护，但并不是所有基本权利都可以诉诸法院。近代基本权利体系主要以自由权为主，这种自由权基本都具有可诉性，而随着现代基本权利体系的确立，使得许多不具备可诉性的社会权都写入了宪法，因此相比于基本权利，主观权利更强调可诉性和司法适用性。最后，在适用主体上，基本权利主体既包括个人也包括法人，以及某些特殊群体，比如儿童、残疾人士等，主观权利则强调权利的个人性。

在赋予基本权利主观权利属性的同时，德国的宪法学界又发展出了基本权利的另一基本属性，即基本权利作为"客观价值秩序"的基本属性。客观价值秩序，指的是所有基本权利都应作为直接有效的法律，约束国家权力。主观权利的客观面向使得主观权利具备了客观法的价值属性，可以约束国家权力，国家权力被赋予了尊重和保护基本权利的义务。这时的基本权利对于整个国家的法律秩序都有约束力，在法律的制定、实施和解释过程中都具有应被尊重的客观价值。基本权利不再只是宪法权利，而获得了普遍的法律适用，成为国家制度的价值基础，辐射所有的国家权力及法律秩序。

基本权利的客观价值秩序属性，强调的是国家对于基本权利的积极落实义务。相较于基本权利的主观权利属性在传统的防御权功能基础上，基本权利又具有了国家保护义务，国家需要为基本权利的实现提供制度与程序的保障以及积极的特定给付义务。基本权利作为客观价值秩序的属性使得基本权利的作用范围和效果得到了极大的扩展。

作为客观价值秩序的基本权利，意味着基本权利为国家三大权力提供了指导，"向所有国家机关下达了宪法命令，要求所有国家机关在各自的职权范围内贯彻这一最高法价值，各国家机关也有义务将之体现在各自的工作中。立法机关必须制定完善的法律，健全法律制度和相应的法律程序，行政机关制定实现国家义务的各种细则，法院在审理普通案件的过程中应依照基本权利解释法律，在私法关系中也应适用宪法保证国家义务的实现"①。基于基本权利的客观价值秩序属性，国家各机关负有保护义务，包括立法保障、司法保障、行政保障、程序与组织保障和制度保障等。此时国家义务体现为各国家机构的义务，政府成为履行国家义务的具体执行机构。

3. 基本权利与国家义务

在个人与国家的关系上，人的目的性与国家的工具性，决定了限制国家权力、保护个人权利构成宪法的一体两面。不同于私法中权利与义务的一一对应关系，作为宪法权利的基本权利主要体现了个人的权利与国家的义务两个不同主体间的权利义务关系，个人权利与国家义务不存在私法中的一一对应关系，国家义务首先体现的是一种客观价值秩序，其次才是主观权利。

一项基本权利包含着不同层次的国家义务，对国家义务的分类，学界存在许多分类方法，最基本的是将国家义务分为消极义务与积极义务，此分类法建立在自由权与社会权二分的基础上，是对国家义务最基本的分类。但为了更好地保护公民基本权利，许多学者对国家义务分类进行了更有意义的尝试。比如吴庚教授将国家保护义务分为：禁止义务、安全义务、风险义务，美国学者亨利·舒认为任何一项权利都需要多层义务的履行才能得以实现。他将与基本权利对应的国家义务分为三个层面：第一个层面是避免剥夺的义务；第二个层面是国家保护个人不受剥夺的义务；第三个层面是国家帮助被剥夺者的义务。

最具有代表性的是艾德发展了亨利·舒有关国家义务的"三层次论"，将国家对公民的基本权利分为"三个层次、四种义务"，即尊重的义务、保护义务、满足义务和促进义务。在宪法关系中公民权利构成国家义务，公民与国

① 郑贤君：《基本权利原理》，法律出版社，2010年，第263页。

家互为权利义务主体。同时,不同权利对于国家义务的要求有所不同。对于公民那些不需要国家的干涉就可以实现的权利要求,国家的义务主要表现为尊重义务;对于那些公民之间因相互侵犯而需要国家以立法的形式加以保护的权利,国家义务主要表现为保护义务;对于那些个人无力实现而需要国家积极帮助才能实现的权利,国家义务主要表现为满足义务和促进义务。尊重义务表现为尊重个人的自由,是古典基本权利的本质属性要求,是在消极意义上实现社会安全;保护义务是指国家负有保护公民免于遭受来自国家公权力和来自他人侵犯的义务;满足义务指国家帮助那些即使通过个人自身努力仍不能实现其它权利的义务;促进义务是指国家整体上为实现人权而采取的一些措施的义务。日本学者大沼保昭针对国家义务的分类认为,所有的国家义务分类在性质上并不是相互排斥的,尽管不同的人权保护要求不同的国家义务履行,但针对任何一项权利的实现,国家都负有针对不同权利的全面性义务。①在对国家义务的分类理论中,艾德的国家义务分类成为学界的普遍分类方法,并被联合国经济、社会和文化权利委员会所采用。

随着人们对基本权利与国家义务认识的不断深化,人们意识到,基本权利与国家义务并非简单的一一对应关系,任何一项基本权利的实现都需通过国家履行不同的义务。每一种基本权利与每一种国家义务都不再是单向的对应关系,任何一种权利都体现了多重的价值属性,须由国家履行不同方式的义务,以义务保障该权利的实现。

国家义务的提出,与国家目的、基本权利理论密不可分。无论是早期自由主义洛克自然权利理论下的政府目的,还是法律实证主义阶段国家的产生、运行,个人权利都构成了国家的目的,保护个人权利是国家的义务;基本权利理论以及权利与义务相一致的原理都证成了国家义务。这些理论交织在一起共同为国家义务提供了正当性证明。

在古典自由消极防御权的意义上,基本权利构成国家行为的界限,国家不得逾越界限侵犯公民基本权利,此时的国家形态是自由主义法治国家,国家更多的是保护自由、生命、财产这些消极性权利。随着基本权利范围的不

---

① ［日］大沼保昭:《人权、国家与文明》,王志安译,生活·读书·新知三联书店,2003年,第220页。

断发展，国家也处于不同的发展阶段，对国家义务也提出了越来越高的要求。无论是宪法的范式、国家的形态还是基本权利理论都发生了变化。国家形态由自由法治国过渡到社会法治国，由个人自由转向个人与社会并重，基本权利由消极权利向积极权利发展。国家此时需要不断从各个方面满足基本权利实现的要求。①

（二）作为"客观价值秩序"的社会权与国家义务

从历史的角度来看，人们对社会权的认识经历了一个由慈善恩惠式的济贫行为到应然性的道德权利，并最终成为由国家实定法加以保护的基本权利和法律权利的过程。进入现代社会，社会权成为各国宪法中的基本权利，成为现代宪法体系确立的标志，并且成为由国际社会认可并由各种国际人权条约加以确认的最为重要的基本人权。在19世纪末20世纪初各国的社会运动，人们主要争取的权利就是社会权，社会权的内容主要就表现为在尊重公民个人自由的基础上，国家采取积极有效的措施，尽可能地保证社会全体公民能够平等地享受社会保障权、劳动权和受教育权等基本权益，以此促进人的全面发展。

从德国的《魏玛宪法》开始，社会权开始出现在各国的宪法中，《魏玛宪法》成为现代宪法的开端。在社会权入宪浪潮的推动下，1948年的《世界人权宣言》宣称："人既为社会之一员，自有权享受社会保障，并有权享受个人尊严及人格自由发展所必需之经济、社会及文化各种权利之实现。"并在宣言中列举了一系列如工作权、休息权、生活保障权、受教育权等社会权性质的权利。此后，在《经济、社会、文化权利国家公约》中将"国家应创造各种条件，使得人们在享有公民人身权利和政治权利之外，还能够同时地享有经济、社会和文化权利，使人类不受匮乏之困"作为人类的理想，并详尽列举了一系列社会权。包括：享有公正和良好的工作条件、参加和组织工会权利、工作权、社会保障权、享有适当生活水准权、对母亲和儿童的特殊保护、健康权、

---

① 郑贤君：《基本权利原理》，法律出版社，2010年，第254~262页。

受教育权、参加各种文化生活并享受科学进步所带来的利益权。①社会权观念的出现,社会权出现所体现的社会价值等,在前文都已述及。我们说从社会权诞生之初,社会权就是一个充满争议的问题。

自由主义的平等主义者,及积极自由的倡导者都将社会权与社会公平、正义和实质自由联系起来。并且这些思想以社会福利国家的形式得以落实,即使在不承认福利国家的地方,人们也将保障公民基本生活条件的职能赋予国家,成为国家的义务和责任。除了对社会权的论证之外,还有许多学者对社会权思想进行了反思,特别是新经济自由主义者,在强调消极自由权利的同时,反对国家对社会和市场的干预。国家只应该承认自由权为基本权利,在制度上只需辅以司法审查以对抗国家机关的侵犯,保障其实现的彻底性。在他们看来,社会权需要国家的积极作为,更多的只能看作是政府提供给个人的一种福利、利益或好处,而不是一种权利。相较于社会权来说,自由权所包含的生命、自由权利更为重要,如果生命权都不能得以保护,那么其它一切权利都无从谈起。在实践中福利国家实施一段时间后所暴露出来的问题,使人们对国家承担积极保护义务的社会权产生了更多的质疑。

在有关社会权的争议中,对社会权批判最多的应该是在法学界对社会权的权利属性分析。在这些质疑中,社会权都被作为与自由权相对的一项权利,自由权与社会权的区分导致对国家积极与消极义务的区分。而传统自由权主要强调的是自由权的消极防御属性,国家充当的是一种"必要的恶",自由权主要防御的就是来自国家公权力的侵犯。因此,当需要国家提供积极保护和给付义务的社会权提出时,许多人站在捍卫消极自由的角度,反对国家对社会和经济生活的干预。

此外,对社会权的争议还来自于社会权的保障问题,"无救济即无权利",由于国家受现实经济条件的制约,导致社会权并不能像其它自由权一样寻求司法诉讼,也就是社会权中包含的许多内容尚不具备可诉性。因此,在有些学者看来社会权不具备可诉性,因此社会权不能算作完整意义的权利。

在社会权的救济和保障问题上,我们确实不得不考虑国家的给付能力,

---

① 秦奥蕾:《基本权利体系研究》,山东人民出版社,2009年,第81~82页。

但人们也并未因此就停止对公民社会权益的追求，并认为国家在实现公民的社会权益方面仍旧负有不可推卸的义务。社会权作为现代基本权利体系的组成部分，在德国公法思想通过对基本权利双重属性的分析后，公民的社会权也得到了国家的肯定及保护。

社会权作为现代宪法中的基本权利，尽管在权利属性上，不具备主观权利属性，使社会权的实现变得异常困难，但基本权利的客观价值秩序属性使得社会权的实现具有了保障。基本权利的客观价值秩序属性构成了国家立法机关构建国家各种制度的基本原则，也构成了司法机关和行政机关在执行法律和进行司法解释时的上位指导原则。社会权的客观价值秩序属性只涉及基本权利对国家机关的规制和约束，不具备主观请求权，其功能主要表现为对基本权利的制度保障、组织与程序保障、免于第三方侵害的保护。基本权利的客观秩序属性的重要价值在于，对于无法通过直接主张而得以实现的基本权利，其中最主要的就是社会权，可以借助于基本权利的客观价值秩序功能获得比较理想的实现。

（三）基于"人的尊严"的国家保护义务

早期的自然权利思想论述了先于国家的个人权利，国家存在的目的是为了保护公民的自然权利。随着自然法思想的衰落，法律实证主义思想占据历史舞台，权利被看作习俗与法律的产物。二战之后，自然权利思想复兴，"人的尊严"赋予了个人独立于国家的地位，成为公民享有一系列基本权利的基础。

"人的尊严"具有极为重要的意义，是现代宪法的核心，构成了现代宪法的基础性价值之一。在古希腊的人本主义和理性主义传统中，就孕育了"人的尊严"的价值和意义。这种人本主义强调人的价值，要求尊重人的独立、自我独立，鼓吹人性反对神权。在基督教教义中，因在神面前的平等，而确立了人类尊严的思想，人生来便具有人之为人的尊严。文艺复兴、宗教改革和启蒙运动使人的主体地位上升。在康德的哲学中，将"人的尊严"思想深化，人在任何时候都是目的，永远不能仅仅被当作手段看待。超越于一切价值之上的不可被替代的就是尊严。

"人的尊严"作为宪法价值被确认是从《德国基本法》开始的,并为以后的多国宪法所效仿。针对在二战时期出现的对人格尊严践踏的反思,在二战之后先是在德国、日本等资本主义国家,随后在许多发展中国家,人们纷纷在宪法中以明文规定的形式或以法院判例的形式,发展出了以保障人的尊严为核心的基本权利体系,社会权被纳入现代基本权利体系,社会权具有了同自由权一样超验的基础。因为人的尊严本身是人所固有的,是宪法中的最高价值,因此"人的尊严"被确认为并非是由国家创造然后再赋予给个人的。

在德国宪法后,据不完全统计,已有三十余个国家,将"人的尊严"纳入宪法。虽然《世界人权宣言》确认了"人的尊严"的先验地位,但在美国等资本主义发达国家,人们更多的是承认自由权的地位,而否定社会权。只是在许多发展中国家社会权才得到重视。但随着社会实践的发展,特别是20世纪70年代以来,"人的尊严"日益成为个人自由和权利的源泉。除将"人的尊严"写入宪法外,在诸多国家公约中都将"人的尊严"作为不证自明的原则加以应用。在《公民权利和政治权利国家公约》与《经济、社会、文化权利国际公约》的序言中反复申明:"整个人类社会的成员都拥有天赋的不可剥夺的权利,这些权利源自人类固有的尊严,这些权利是整个世界自由、正义与和平的基础。"在新近的《欧洲基本权利宪章》中对"人的尊严"的捍卫达到了空前的高度。

"人的尊严"作为基本权利的来源,是所有各项基本权利最原始的权利源泉。"人的尊严"作为基本权利,不能被当成广泛而易于使用的请求权被随意主张,否则将导致"人的尊严"的贬值。对"人的尊严"的侵犯必须借助个别基本权利的援用而加以保障。对源自人的尊严的基本权利的保护,既有对作为防御权的自由权的保护,也有对侵权之救济和社会权最低物质保障的实现。[①]相对于要求国家积极给付的社会权而言,自由权的宪法保障仍然占有主导性的地位,但在价值目标的追求上,自由权与社会权两者又是一致的,社会权的提出及实现最终仍是为了公民自由权的真正实现。因此,国家有义务尽其可能帮助那些无力自治的人们实现"真正的自由"。

---

① 秦奥蕾:《基本权利体系研究》,山东人民出版社,2009年,第45~55页。

第五章 新时期人权保护对国家义务的新要求

在本书的第二部分和第三部分,我们探讨了主体部分,以自由主义思想中公民与国家关系为视角,阐述了由近代早期到现代社会公民基本权利的发展演变问题,以每个时期重要的思想家的思想为理论素材阐释了公民的权利需要如何决定了国家义务的内容。在本书的这一部分,则致力于阐释有关人权保护与国家义务的问题,尽管我们认定人权与公民权利存在着不同,但它们又存在十分紧密的联系。公民权利可以理解为由国家以法律形式加以保护的人权,作为道德权利的人权,其权利内容更为丰富、多样,并逐步地由各国所认识和接受,所以这里就涉及如何将人权内容转变为公民权利,及在这一过程中国家该履行何种义务促进人权法制化。

此外,随着全球化的进程,人权的国际化问题开始出现。国际人权保护机构成为人们寻求权利保护的新的非国家行为体,并且随着各种国际人权公约的签订,在一定程度上限制了国家的主权,国际的人权保护在一定程度上要求国家履行人权保护义务。这些内容成为新时期对传统的主权国家的挑战,传统主权国家该如何更好地履行权利保护义务,维系自身的存在,这也是本书在这一部分要解决的问题。

一、人权保护对国家义务提出的新要求

(一)人权扩展对国家义务的新要求

人权是指人仅因其为人而享有的权利,20世纪前人们更多将这些权利

说成是"自然权利"或"人的权利",17世纪末洛克对自然权利的论述成为最有影响力的表述,此后的美国《独立宣言》、法国的《人权宣言》都建基在这种自然权利的基础上。"人权"一词到了20世纪才开始占据显著的地位,许多人互换使用"人权"和"自然权利"这两个概念。

人权体系与人权分类是人权的重要内容,最早对人权进行分类并影响最深的是自然法理论,自然法理论将人权区分为先于国家的人权与基于国家的人权,先于国家的人权是人生而具有使人成其为人的权利,基于国家的人权是基于国家而产生并与国家发生联系的人权,也称为公民权(或公民基本权利)。人权与公民基本权利大多时候是作为同义词混同使用的,但随着二战后各国宪法理论的发展,人们开始对人权与公民权利区别使用,从学界已有研究来看人权与公民权利,作为权利的区别主要体现在两者主体设定的范围和与权利主体相对的义务人上。在主体上,人权主体是一般意义上的自然人,而公民概念则是一个以具体国家为背景的法律范畴,有着特殊的地域限制;在权利行使涉及的义务人上,人权的普遍抽象特征使得其义务承担人具有开放特征,可以是任何自然人、法人、社会组织、国家甚至国际组织,而公民权利的最终义务人只能是国家。相比较于由国家保障的公民基本权利,人权具有更多的普遍性、道德性、抽象性、基础性和优先性。

除依据与国家的关系区分人权与公民权外,人们也依据人权发展的先后顺序将人权分为三种类型,其中第一类人权形成于美国和法国的资产阶级革命时期,其目的是旨在保护公民的基本人身自由免遭来自专横国家侵害的权利,主要是我们在本书第三部分讨论的一系列自由权属性的权利,主要包括公民权利与政治权利;第二类人权旨在要求国家积极干预经济、社会生活,主要是本书第四部分讨论的具有社会权属性的一系列权利;第三类人权则主要出现于20世纪下半叶,旨在保护发展权、自决权、和平权等集体人权,这类权利更多地为国际人权文件所承认。此外,还有许多学者不断地扩展人权所包含的权利种类,比如我国著名法学家徐显明教授提出的将和谐权作为第四类人权的观点。总之,人们对权利的利用迅猛增长,形形色色的社会群体无论是基于阶级、社会地位或是某种被承认的需要都在要求新的权利,性别权利和文化权利、生态权利、和平权、死的权利等都成为人们的新诉求,成为对人权的和公民权的新期望。

尽管我们在区分人权与公民基本权利时强调,人权的义务承担者可以是任何自然人、法人、社会组织、国家甚至国际组织,但就目前的现实来看,国家仍是人权最主要的义务承担者,其作用与责任远远超出其他义务承担者。

不同类型的人权,不断扩展的权利要求对国家提出了不同的要求,就比较典型的、获得普遍承认的三代人权来说,第一代人权要求有限国家,避免公民权利和政治权利受到来自私人和国家的侵犯;第二代人权要求国家成为一个有积极作为的服务性国家,能为公民的经济、社会和文化权利提供基本的物质保障;第三代人权则强调国家对外主权独立,对内有效整合社会资源、增进社会公共利益、调动整个社会的积极性。[①]因此,面对不断扩展的人权要求, 国家有义务不断地促进将人权要求入法转变为切实由国家加以保护的公民权利,并有义务不断地调整自身履行权利保护的义务。

(二)国际人权保护对国家主权的限制与挑战

人权的发展对国家提出了越来越多的要求,许多国家将人权保护的义务写入宪法,成为国家的重要义务,约束国家权力的行使。此外,随着对人权观念认识的深化,人权观念出现国际化的趋势,以及随之而来的人权保护的国际化,这在一定程度上,也对传统的主权国家提出了新的要求。

所谓"人权国际化",并不是指人的权利本身的国际化,而是人权制度、人权思想的国际化,使国内的人权保护问题置于国际的监督之下。在人权国际化中所包含的国际人权保护内容, 则主要指国际社会在国家之外对人权进行保护。[②]

在人权的保障方面,尽管国家负有人权保护的义务,但现代民族国家所保障的并非国际法上所保障的人权,而是与国家相对的公民的基本权利,国际法意义上保护的人权由于缺乏普遍的强制支撑和必要的社会经济条件,更多地成为一种道德权利。然而随着各国陆续签订国际人权公约,由国际人

---

① 罗豪才、宋功德:《人权法的失衡与平衡》,《中国社会科学》,2011年第3期。
② 何志鹏:《人权国际化基本理论研究》,吉林大学博士学位论文,2004年。

权公约承认的普遍的人权也都为各国所接受，国家开始承担起保护人权的国家义务及国际义务。

与作为一国内人权保护的《独立宣言》和《人权宣言》相匹敌，联合国宪法性文件《联合国宪章》其基本宗旨之一，就是促成国家间的合作，不分语言、种族、宗教，促进全人类的基本人权的实现。1948年联合国大会通过的《世界人权宣言》及它之后1966年的两份具有强制性的联合国人权公约，《公民权利和政治权利国际公约》与《经济、社会及文化权利国际公约》，以及《欧洲人权公约》的缔结都属于这一范畴。经历三个世纪的发展，人权的普遍性原则为世界各国所公认，各国宪法宣言的人权内容表现出越来越多的一致性，尊重和保障人权成为当今国际社会共同承认的社会事实。对人权的国际保护成为国际法中的重要内容，国际人权法也成为国际法领域的独立分支，已发展为相对完善的法律体系。

在国际人权法中，主权国家承担着保障人权的主要职责。这是由当前的国际政治、经济和法律现实决定的。尽管国家人权法的重心是保护人的权利，但并不能认为国际人权法以个人为基础，同其它国家条约一样，国家仍然是国际人权法的义务承担者，国际人权法主要并直接地适用于国家。

依据国际人权法，缔约国之间相互承认权利、履行义务，依据不同的国际人权条约，缔约国所承担的义务一般包括：定期地向有关国际机构提交相关报告、接受相关人权委员会的监督、在发生争议时成为国家间指控和个人申诉的对象，出席有关的国际司法诉讼并履行司法判决等义务。此外，国际人权条约在国与国的权利义务关系中，还间接地规定了国家与其管辖内一切人的权利义务关系问题，如难民、外国公民、土著居民等。基于国际人权保护所签署的国际人权公约，并不是缔约国之间等价的权利义务交换，每一缔约国在履行自身义务的同时，也有权要求其它缔约国履行相应的人权保护义务。比如联合国的两项国际人权公约都有如下规定："本公约缔约各国……同意下述各条"，"每一缔约国承担……达到本公约所承认的权利的充分实现"。国际人权公约所规定的国家义务实际上包含两方面的内容，在形式上是国际人权公约针对缔约国的国家履行义务，在实质上则是针对各缔约国在其领土和管辖范围内的一切人的。国际人权法同其它国家条约不同，它更多地体现的不是国家利益,而是规定了国家如何对待国民的方式,以及在人权保护和实现过程中国家所起到的关键作用,国家仍然对国际人权保护负有首要义务。[①]

尽管国际人权保护将国家视为义务的主要承担者,但在历史上公民权利一直是与民族国家联系在一起的,人们常常将难民、土著居民和儿童等的权利诉诸人权,一些国际性的法律制度总是在人权法的旗帜下与国家对立,以图保护那些没有被国家所包容的人们的权利,那些不承认民族国家合法性而与之冲突的人们也求助于人权法的保护。而人权保护方面存在的难题是历史性的,因为人权不同于公民权,不存在可以求助或动员的政治共同体,或者说人们可以接受政治权利可强制执行的观念,但《联合国宪章》所规定的社会和文化权利却不能由法院受理。因此,在国家人权保护的问题上,开始出现"人权高于主权"还是"主权高于人权"的分歧,如何处理国际法与国内法的关系,以及全球化对传统主权国家挑战等问题。传统主权国家如何应对全球化的发展对政治生活的挑战,国家如何依据自身条件更有效地履行保护人权与公民权利的义务,成为决定国家存在合法性的重大理论及现实问题。

二、应对挑战的国家义务建设

权利的需要决定了国家义务的履行,权利内涵的变化决定了国家义务内涵的变化,由国家宪法加以保障的公民基本权利的类型经历了由自由权向自由权与社会权并重的转变。尽管在如何更好地履行保护公民社会权的国家义务时学界存在许多争议,但越来越多的国家都已将保障公民的社会权看作政府的职责。学界越来越倾向于支持对公民基本权利进行新的分类,自由权与社会权的区分不利于权利保护的实现。无论是消极的自由权,还是积极的社会权在一定程度上都需要国家义务的履行和积极作为,同样还有一些社会权属性的权利要求的同样是国家的消极义务。此外,越来越多的国家将保障人权的内容写入宪法,国家除对本国公民履行义务外,对境内所有

---

① 孙世彦:《论国际人权法下国家的义务》,《法学评论》,2006年第2期。

人都一定程度上负有保护义务。人权类型的不断扩展、权利要求的逐渐增多,能否满足人们的权利要求成为衡量一个国家文明程度的重要标志。国际人权保护的发展也使传统的国家主权受到一定程度的冲击,传统的主权国家只有更好地履行国家义务,保障公民权利才有可能继续证明自己的合法性。应对新的挑战,国家必须处理好以下三个方面的问题,只有如此国家才能更好地履行自身的义务。

(一)审慎权衡人权入法

尽管国家被赋予了保障人权的义务,但各种名目的人权要求,及带有冲突性质的权利要求如何获得更充分的保障,是权利对国家义务提出的新要求。国家保障人权的道德义务如何转化为保护人权的法律义务,决定了人权受保护的程度,只有将权利要求写入国家法律,权利才有可能真正实现,并获得保障和救济。因此,如何衡量各种不同的人权,在选择将人权内容写入宪法时必须进行审慎的权衡,这也是新时期对国家义务的重要要求。

无论是国际社会还是国内立法,都不可能对所有的人权要求全部满足,只有合理地设定人权保障的范围,明确各种权利所包含的内涵与外延,才有可能实现人权保障的目标。人权保障的诉求与满足取决于不同时代背景下各国的社会条件,但总体而言,写入各国法律的人权内容呈不断扩展的趋势,由消极权利到积极权利、由单纯的要求权利实现到权利与义务的平衡。

各个国家在将人权写入法律的过程中,需要确定每种权利的价值,及权利实现所需要的社会条件,依据权利对于人的价值的轻重缓急,对不同权利的入法进行排序。在判断人权入法的先后顺序时应遵循理性的权衡标准,"一套理性的权衡标准应当是主观与客观的统一,应具有包容性、现实性和可接受性,能够充分反映人权保障与一国政治、经济、社会发展之间的密切关联性……以经验、超验、情感、道德、良知等多种元素为补充,多种标准交织而成一套权衡标准体系"[①]。在审慎地权衡人权入法的标准时,还应以促进人的主体性得以最大实现为目的,其立法主体不能由政府全部包揽,应"依

---

① 罗豪才、宋功德:《人权法的失衡与平衡》,《中国社会科学》,2011年第3期。

靠多中心、开放性、多主体参与其中的公共选择机制,运用平等协商达成人权入法的共识"①。

在确定了审慎权衡的标准后,立法主体应选择恰当的方式和恰当的步骤来实现人权入法。其中一个关键的问题就是如何选择恰当的方式实现国内法与国际人权法的衔接。人权入法的理性权衡标准虽然要求各国可依据情况对衔接方式加以选择,但签订国际人权公约的缔约国,不应制造衔接壁垒,而应量力而行,积极实现国际人权法与国内法的衔接。此外,审慎的人权入法的最终结果是构建一整套协调一致的法律体系,形成一个公私兼备的法律体系,确保公民权利的保护和实现。

审慎的人权入法,要求人们选择一种开放的公共协商模式,遵循理性的权衡标准,确立各种不同权利的价值,依轻重缓急逐步将人权内容纳入国家法律,在入法的过程中,也应审慎权衡以恰当的方式入法,并最终形成一整套协调一致的法律体系,确保公民权利的实现。

(二)分层次的国家义务履行

我们说正是由于人权内容的复杂性,使得国家在将人权纳入法律规范时,需审慎地进行权衡。在对人权进行审慎的权衡时也对国家义务提出了不同的要求,不同的权利属性要求不同的国家义务,权利对人的重要性所具有的轻重缓急程度的不同,导致对国家义务的要求也是不同的。就像在早期的自然权利思想中,霍布斯将和平与共同防卫的义务看作国家最为重要的义务,是个人最为基本的自然权利,因此其它权利在与这一权利进行比较时,其对国家的约束力就会相应地出现变化。

同时,除了权利自身对人的重要性之外,在对权利的保护过程中,国家履行义务的方式也是不同的,比如早期自由权,特别是其中许多与公民人身自由相关的权利,像思想言论自由等权利,其对国家最基本的要求就是国家的不干涉,只有在个人的此项权利受到侵犯时,国家才作为仲裁机构履行义务。而像现代的公民权利思想中所普遍具有的社会权观念中的许多权利,则

---

① 罗豪才、宋功德:《人权法的失衡与平衡》,《中国社会科学》,2011年第3期。

要求国家的积极作为，比如国家应向无力接受教育的群体提供最低限度的教育，对没有生活能力的人提供最基本的物质帮助等。不同的权利要求国家履行不同形式的义务，每一个国家，其履行国家义务的社会条件是存在巨大差异的。落实到由国家加以保护的人权，其权利的实现程度必然取决于其所生活和居住的国家，超出国家的承受能力仅强调权利的重要性，无异于纸上谈兵，其最终的结果只是损害了权利的效力，无益于权利的保护。因此，各国在人权保护的过程中必须以各国国情为依据，尽其最大可能保障人权。在保障人权的过程中可以审慎地选择权利的优先顺序，并采用各种途径、分层次地履行国家义务。

如何分层次地履行国家义务，在国际人权保护领域，针对国际人权法及国际人权公约等各项内容，学者们从不同的角度对国家义务的类型进行了划分，其目的就是敦促各国政府更好地履行保护人权的义务。如《经济、社会与文化权利国际公约》中的许多权利，公约中则规定为各缔约国应采取一切适当的步骤的义务。

为了更好地履行国家义务，人们将国家义务进行分类，如有些学者将国家义务分为道德义务、法律义务和国际义务；依据人权的属性将国家义务分为尊重应有权利的义务、保护实有权利的义务和及时制定法定权利的义务；以及国际上最为普遍的尊重、保护和促进（实现）义务。尽管我们说不同的权利属性对国家义务的要求不同，分层次的国际义务履行有助于各国结合具体的国情制定适宜的国家义务履行步骤，有利于人权的保护，但对于每一项权利来说，其真正的实现可能都同时包含了所有类型的国家义务的履行，此时人权才能得到全面的实现。

此外，地理上的疆域划分区分了各国不同的主权范围，但在经济一体化的今天，这一疆域上的划分并不必然决定国家的义务范围。在全球化时代，国际人权法除应继续调整国家与其国民、居民之间的关系外，还应调整国家与非本国国民、非本国居民之间的关系。国家在经济、社会和文化权利领域还具有一定的域外义务。应当根据不同层次的国家义务分别确定域外义务的义务范围。尊重和保护的义务具有域外性，实现的义务没有域外性。国家应当尊重一切人的人权，无论这些人是否在其领土内或是否在其管辖下。保护的义务属于程序性积极义务，国家应当为声称权利受到侵害的人提供程序上的救济，无论受害人受到侵害时是否在该国领土内或在其管辖下，只要国家与相关案件有充分联系并在国际法上有权处理此案。从人权条约机构和国家实践来看，域外人权影响评价和母国采取措施对跨国公司进行规制已经成为人权保护事业的发展趋势。[①]

(三)与非国家行为体共同分担国家义务

在全球化的时代背景下，经济的全球化和政治的一体化使许多大型跨国公司、国际机构与非政府组织脱颖而出，全球治理等问题相继而生，这些机构的出现一定程度上对传统的主权国家构成了威胁。人权保护的国际化发展，也为人们的权利诉求提供了新的诉求对象。这是时代发展对国家的挑战，也为国家的继续存在提供了机遇。在可以想见的时间范围内，传统的主权国家仍是国际社会的政治主体，国家仍是实现人权保护最为主要的义务主体。

不断扩展的权利要求对国家义务的履行确实提出了更高的要求，福利国家的困境也使人们意识到国家能力的有限性，尽管我们一直以防卫来自国家的侵犯作为自己最基本的权利，但实际上人们对国家的依赖却越来越多，国家如何既限制自身权力的扩张，又不断提高自身履行义务的能力，也成为国家在现阶段面对的最为重要的问题。

在人权国际化给国家主权带来挑战的同时，在人权保护的国际化过程中涌现的大量非国家行为体，在一定程度上，也承担着一定的保护人权的职能。所谓非国家行为体，学界在定义上存在一定的分歧，总体而言，非国家行为体是指在国际事务中独立参与国际事务活动的，除国家以外政治、经济和文化实体，一般包括政府间的国际组织和非政府间的国际组织。[②]

国家一直是保护人权的最重要主体，但是自从社会权观念产生开始，我们说国家在履行自身义务的时候，已经暴露出种种弊端。这些弊端我们在探

---

① 于亮：《国家在经济、社会和文化权利方面的域外义务》，《法制与社会发展》，2016年第1期。

② 李少琳：《全球化背景下非国家行为体与国家主权的互动相关性分析》，《山东社会科学》，2005年第5期。

讨福利国家的困境时都已作过探讨,如国家财政负担的加重、对个人自由权的损害以及"贫困陷阱"等问题。除此之外在全球化的背景下,全球化一定程度上加剧了社会的不公平现象,所以纯粹的依赖国家进行权利保障已经明显暴露出不足,需要采取更为有效的手段和方式促进权利的实现。在国际人权保护的发展之下,对人权的保护主体也可以延伸到国家之下的社会与国家之上的政府间以及非政府间的非国家行为体。在国家内部,可以充分发挥社会组织、家庭、社区、朋友等的积极作用,不断强化个体的情感和责任意识,弥补个人对于国家在许多权利保护上的非即时性所产生的缺陷。在国家外部,人们可以借助各种政府以及非政府间的非国家行为体,促进人权的充分实现,人权保护不再单纯地依赖国家,而是形成政府间国际组织与非政府间国际组织等多组织、多层次、多方位的,在政治、经济、文化等领域内,利用各种政治、经济与文化因素共同促进的人权保护模式。[①]

　　提倡由非国家行为体与国家共同履行人权保护义务,并非要取代传统主权国家在人权保护方面的责任,在我们可以想见的时间范围内,国家仍是人们最为可欲的政治共同体,对权利的诉求其最主要的义务承担者仍是主权国家。寻求社会与非国家行为体共同分担国家义务,只是人们对国家履行义务形式的积极探索,国家也只有在不断地探索履行国家保护人权义务的过程中,证明自身存在的合法性与合理性。

---

　　① 郑贤君:《全球化对公民社会权保障趋势的影响——国家中心责任向非国家行为体过渡的社会权保障》,《首都师范大学学报(社会科学版)》,2002年第2期。

结　论

　　公民问题作为政治学的基本理论问题，探讨的是人与政治共同体的关系问题，一直以来都是人们进行政治思考的核心概念。对公民问题的深入探讨体现了人类政治文明事业的不断进步。古希腊城邦孕育了最早的公民观念，亚里士多德的公民思想作为西方公民理论的源头对后世的公民观念与国家观念产生了重要的影响。探讨公民与国家关系离不开对欧洲古代文明的阐释。在古希腊，城邦被赋予道德意义成为超越个人的存在，是人类实现人的本质即理性能力的场所，公民身份只被授予少数人，这部分少数人可以享有参与城邦的公共事务，是权利更是义务。到古罗马时期，公民身份被当作一种资格授予罗马公民，人们通过获得公民资格而享有国家提供的保护。在中世纪，公民的含义同臣民的含义相混同，人们更多地要服从教会与世俗权力的统治，以此获得保护。经过古罗马和中世纪，公民资格开始逐步走向平等化，越来越多的人开始获得这种公民身份，尽管这种身份离享有公民权利还有很大的差距。而在这一时期有关国家的观念中，国家这一人类共同体仍被看作具有重要的道德意义，在公民个人面前国家享有神圣权力。但随着时代的推移，国家开始逐渐从道德高点上下滑，人们赋予了世俗国家越来越多的责任和义务，国家不再被看作全能的，人们开始认识到了国家职能的有限性，并逐渐赋予国家以工具含义。直到近代，国家和公民的含义才被重新界定。

　　自近代国家观念形成开始，国家就被赋予保护公民个人权利的义务，国家权力存在的目的就是为了履行此项义务，舍此则国家失去存在的意义。早期自然权利思想论证了人们为什么需要国家，国家存在的合法性来自于人民的同意，国家存在的目的是为保护公民生而具有的天赋自然权利。随着近代资产阶级革命的成功,权利保护被写入宪法,自然权利思想逐渐衰落。人们开始将论证的焦点放在一国之内,在如何处理国家与社会、与市场的关系问题上,对权利的理解更多被法律实证主义的理解所取代。古典功利主义思想家将对国家的论证建立在国家职能的履行上,国家的合法性由被统治者的同意转变为对国家是否能履行相应的职能,能否证明自己所起到的价值所取代。其中密尔对自由的论证更是为国家的职能履行划定了一个基本的界限,并为现代公民权利体系中社会权观念的出现奠定了基础。

社会权观念的出现更多是出于人们对社会公平正义的新认识,大量社会权属性的权利被写入各国宪法,成为由国家加以保护的基本权利,对公民权利的认识由先于国家的自然权利扩展到在国家中所应享有的基本社会权利,对权利的论证超越了早期对法律实证权利的认识,重新强调权利的超国家属性,此时对权利的认识是基于人性固有的"人的尊严"的价值。在对社会权的保障实现中,西方的福利国家理论可以说提供了许多有益的经验,西方福利国家不同的划分类型,表明了人类在实现社会权方面,所可能存在的几种模式。在福利国家发展的过程中所遇到的困难及人们就此问题所提出的解决方法,为人类探寻实现保护公民社会权的途径提供了重要经验。此外,德国公法学者基于对公民基本权利的双重属性的研究,对社会权所具有的"客观价值秩序"属性的论证,为国家履行义务提供了重要的理论支持。这一时期国家对公民基本权利的保护由过去的以自由权为主转变为自由权与社会权并重。国家履行相应义务的能力依然决定着国家的合法性。

进入新时期,人们对权利的认识不断深化,越来越多的权利要求被贴上人权的标签。作为先于国家的人权,其实现与被保护仍旧取决于传统的主权国家。传统主权国家如何面对日新月异的人权要求,成为衡量国家文明与否的重要标志。国际人权法与国际人权公约的签订,意味着人权保护的国际化,以往国家内部的公民权利保护问题,现在逐渐演变为国家履行人权保护义务的问题,此时国家既负有国内法所要求的内部义务,又负有国际法所约束的外部义务即国际义务,除了对本国公民的保护,也扩展到对领土和管辖范围内所有人的保护义务,人权保护上升为国际性问题。人权的扩展与人权保护的国际化对传统的主权国家都提出了不同程度的挑战,审慎地权衡人权入法，逐步将人权所囊括的权利纳入国家法律使之成为由国家加以保护的公民权利是国家的义务所在。依据各国的具体国情以分层次的方式履行国家保护公民各项权利的义务，在对国际人权保护提出挑战的同时，也应抓住其提供的机遇，与其它非国家行为体共同寻求实现国家义务的手段与方式，更好地履行国家义务。

　　本书的写作以各个时代最为重要的思想家的思想为理论素材，运用政治学的基本理论，以公民权利与国家义务问题为视角，分析国家与公民的关系问题。在传统的国家与公民间的权力和权利的博弈关系中，以国家义务重新理解国家与公民的关系问题。本书阐释了近代早期的社会契约论与功利主义思想如何论证公民权利与国家义务问题，并实现公民权利由自然权利向法律权利转变。进入现代社会，权利内容由消极自由权向消极自由权与积极社会权并重转变，国家义务的内容也随之转变。最后，在历史进入新时期后，国家义务履行面对着新问题，本书试图就当前面对的问题给出一定的建议与对策。本书对国家义务的内涵，及其随着权利观念变化所产生的变化的政治学梳理，是本书的最大贡献所在。但由于能力有限及对外文资料无法涉猎也使本书的写作存在许多缺陷，对资料的取舍也更多取决于作者的写作意图难免偏颇，对许多基本理论的论证缺少说明，无意中绕过了许多复杂的更值得说明的理论问题，这也是本书的重大缺陷。但是深入地研究国家义务问题，理解公民与国家的关系问题，对切实保护每一个公民的权利无疑具有重大的理论意义。对处于飞速发展中的中国，无论是对自由权的消极保护还是对社会权的积极保护，我们国家还存在着一些亟待解决问题，因此探讨国家义务问题，探寻国家义务的履行方式问题，对中国无疑也具有参考价值。

参考文献

一、中文著作

1.包利民:《生命与逻各斯——希腊伦理思想史论》,东方出版社,1996年。

2.曹德本主编:《中国政治思想史》,高等教育出版社,1999年。

3.褚松燕:《个体与共同体——公民资格的演变及其意义》,中国社会出版社2003年。

4.顾肃:《自由主义基本理念》,中央编译出版社,2003年。

5.洪涛:《逻各斯与空间——古代希腊政治哲学研究》,上海人民出版社,1998年。

6.廖申白:《亚里士多德友爱论研究》,河南人民出版社,2000年。

7.秦奥蕾:《基本权利体系研究》,山东人民出版社,2009年。

8.石敏敏:《希腊人文主义——论德性、教育与人的福祉》,上海人民出版社,2003年。

9.王彩波主编:《西方政治思想史——从柏拉图到约翰·密尔》,中国社会科学出版社,2004年。

10.王利:《国家与正义:利维坦释义》,上海人民出版社,2007年。

11.王浦劬主编:《政治学基础》,北京大学出版社,1995年。

12.王焱等编:《宪政主义与现代国家》,生活·读书·新知三联书店,2003年。

13.吴惕安、俞可平主编:《当代西方国家理论评析》,陕西人民出版社,1994年。

14.夏勇:《中国民权哲学》,生活·读书·新知三联书店,2004年。

15.徐大同主编：《西方政治思想史》，天津教育出版社，2000年。

16.许纪霖主编：《共和、社群与公民》，江苏人民出版社，2004年。

17.应奇、刘训练主编：《公民身份与社会阶级》，江苏人民出版社，2007年。

18.余涌：《道德权利研究》，中央编译出版社，2001年。

19.张翔：《基本权利的规范构建》，高等教育出版社，2008年。

20.郑贤君：《基本权利原理》，法律出版社，2010年。

21.周濂：《现代政治的正当性基础》，生活·读书·新知三联书店，2008年。

22.邹永显、俞可平：《现代西方国家学说》，福建人民出版社，1993年。

23.邹永显：《国家学说史》（上、下），福建人民出版社，1987年。

二、中文译著

1.［挪威］A.埃德：《经济、社会和文化权利国际公约研究》，刘海年译，中国法制出版社，2000年。

2.［英］J.C.亚历山大、邓正来编：《国家与市民社会——一种社会理论的研究路径》，中央编译出版社，1998年。

3.［英］L.T.霍布豪斯：《形而上学的国家论》，汪淑钧译，商务印书馆，2000年。

4.［英］W.D.罗斯：《亚里士多德》，王路译，商务印书馆，1997年。

5.［丹麦］艾斯平-安德森：《福利资本主义的三个世界》，苗正民、滕玉英译，法律出版社，2003年。

6.［英］安德森：《从古代到封建主义的过渡》，郭方、刘健译，上海人民出版社，2000年。

7.［英］安德森：《绝对主义国家的谱系》，刘北成、龚晓庄译，上海人民出版社，2000年。

8.［英］安东尼·吉登斯：《超越左与右：激进政治的未来》，李惠斌、杨雪冬译，社会科学文献出版社，2000年。

9.［英］安东尼·吉登斯：《第三条道路：社会民主主义的复兴》，郑戈译，北京大学出版社，2000年。

10.［英］安东尼·吉登斯：《第三条道路及其批评》，孙相东译，中共中央党校出版,2002年。

11.[英]安东尼·吉登斯:《民族–国家与暴力》,胡宗泽、赵力涛译,生活·读书·新知三联书店,1998年。

12.[英]巴特·范·斯廷博根编:《公民身份的条件》,郭台辉译,吉林出版集团有限责任公司,2007年。

13.[法]邦雅曼·贡斯当:《现代人的自由与古代人的自由》,阎克文等译,上海世纪出版社,2003年。

14.[英]鲍桑葵:《关于国家的哲学理论》,汪淑钧译,商务印书馆,1995年。

15.[英]彼得·德怀尔:《理解社会公民身份——政策与实践的主题和视角》,蒋晓阳译,岳经纶校,北京大学出版社,2011年。

16.[美]彼得雷森博格:《西方公民身份传统——从柏拉图至卢梭》,郭台辉译,吉林出版集团有限责任公司,2009年。

17.[英]布赖恩·特纳编:《公民身份与社会理论》,郭忠华、蒋红军译,吉林出版集团有限责任公司,2007年。

18.[美]查特尔·墨菲:《政治的回归》,王恒、臧佩洪译,江苏人民出版社,2001年。

19.[日]大须贺明:《生存权论》,林浩译,法律出版社,2001年。

20.[日]大沼保昭:《人权、国家与文明:从普遍主义的人权观到文明相容的人权观》,王志安译,生活·读书·新知三联书店,2003年。

21.[英]戴维·赫尔德:《民主的模式》,燕继荣等译,中央编译出版社,2004年。

22.[英]戴维·米勒主编:《布莱克维尔政治学百科全书》,邓正来等译,中国政法大学出版社,2002年。

23.[英]德里克·希特:《何谓公民身份》,郭忠华译,吉林出版集团有限责任公司,2007年。

24.[英]厄奈斯特·巴克:《希腊政治理论——柏拉图及其前人》,卢华萍译,吉林人民出版社,2003年。

25.[英]恩勒·伊辛、布雷恩·特纳主编:《公民权研究手册》,王小章译,浙江人民出版社,2007年。

26.[德]费希特:《国家学说:或关于原初国家与理性王国的关系》,潘德荣译,中国法制出版社,2010年。

27.[美]弗里德里希:《超验正义——宪政的宗教之维》,周勇、王丽芝译,生活·读书·新知三联书店,1997年。

28.[美]格伦·蒂德:《政治思维——永恒的困惑》,潘世强译,浙江人民出版社,1988年。

29.[英]霍布斯:《利维坦》,黎思复、黎廷弼译,商务印书馆,1985年。

30.[美]贾恩弗朗哥·波齐:《国家:本质、发展与前景》,陈尧译,上海人民出版社,2007年。

31.[美]贾恩弗朗哥·波齐:《近代国家的发展:社会学导论》,沈汉译,商务印书馆,1996年。

32.[美]杰克·唐纳利:《普遍人权的理论与实践》,王浦劬等译,中国社会科学出版社,2001年。

33.[英]昆廷·斯金纳主编:《国家与公民——历史·理论·展望》,彭利平译,华东师范大学出版社,2005年。

34.[法]莱昂·狄骥:《公法的变迁·法律与国家》,郑戈、冷静译,辽海出版社、春风文艺出版社,1999年。

35.[美]莱斯利·里普森:《政治学的重大问题》,刘晓等译,华夏出版社,2001年。

36.[美]列奥·施特劳斯主编:《政治哲学史》,李天然译,河北人民出版社,1993年。

37.[法]卢梭:《社会契约论》,何兆武译,商务印书馆,2003年。

38.[英]洛克:《政府论》(下),叶启芳译,商务印书馆,2003年。

39.[美]梅里亚姆新:《卢梭以来的主权学说史》,毕洪海译,法律出版社,2006年。

40.[英]米尔恩:《人的权利与人的多样性——人权哲学》,夏勇、张志铭译,中国大百科全书出版社,1995年。

41.[意]莫瑞兹奥·维罗里:《从善的政治到国家理由》,郑红译,吉林人民出版社,2011年。

42.[英]尼克·史蒂文森编:《文化与公民身份》,陈志杰译,吉林出版集团有限责任公司,2007年。

43.[英]帕特里克·邓利维、布伦登·奥利里:《国家理论:自由民主的政治学》,欧阳景根、尹冬华、孙云竹译,浙江人民出版社,2007年。

44.[英]齐斯·佛克:《公民身份》,黄俊龙译,台湾巨流图书公司,2003年。

45.[美]乔治·霍兰·萨拜因:《政治思想史》,刘山等译,商务印书馆,1990年。

46.[法]让-皮埃尔·韦尔南:《希腊思想的起源》,秦海鹰译,上海三联书店,1997年。

47.[美]史丹利·阿若诺威兹、彼得·布拉提斯:《逝去的范式——反思国家理论》,李中译,吉林人民出版社,2011年。

48.[美]斯科特·戈登:《控制国家——西方宪政的历史》,应奇等译,江苏人民出版社,2001年。

49.[美]特伦斯·欧文:《古典思想》,覃方明译,辽宁教育出版社,1998年。

50.[加]威尔·金里卡:《当代政治哲学》(上下),刘莘译,上海三联书店,2004年。

51.[德]威廉·冯·洪堡:《论国家的作用》,林荣远等译,中国社会科学出版社,1998年。

52.[美]西达·斯考切波:《国家与社会革命——对法国、俄国和中国的比较分析》,何俊志、王学东译,上海人民出版社,2007年。

53.[美]雅诺斯基:《公民与文明社会——自由主义政体、传统政体和社会民主政体下的权利义务框架》,柯雄译,辽宁教育出版社,2000年。

54.[古希腊]亚里士多德:《尼各马可伦理学》,廖申白译,商务印书馆,2003年。

55.[古希腊]亚里士多德:《政治学》,吴寿彭译,商务印书馆,1997年。

56.[美]约翰·A.霍尔、G.约翰·艾坎伯雷:《国家》,施雪华译,吉林人民出版社,2007年。

57.[英]约翰·邓恩:《民主的历程》,林猛等译,吉林人民出版社,1999年。

58.[美]约翰·罗尔斯:《正义论》,何怀宏等译,中国社会科学出版社,1988年。

三、期刊论文

1.陈醇:《论国家的义务》,《理论法学》,2002年第8期。

2.邓成明、蒋银华:《论国家义务的人本基础》,《江西社会科学》,2007年第8期。

3.房德玖:《亚里士多德论美德的政治性》,《山东教育学院学报》,2001年第4期。

4.高力克:《卢梭的公民观》,《浙江学刊》,2004年第4期。

5.高鹏程:《国家义务析论》,《理论探讨》,2004年第1期。

6.龚向和、刘耀辉:《基本权利的国家义务体系》,《云南师范大学学报(哲学社会科学版)》,2010年第1期。

7.龚向和、刘耀辉:《基本权利国家义务是宪政的产物》,《法治研究》,2010年第6期。

8. 龚向和:《国家义务是公民权利的根本保障——国家与公民关系新视角》,《法律科学(西南政法大学学报)》,2010年第4期。

9.龚向和:《社会权的概念》,《河北法学》,2007年第9期。

10.龚向和:《社会权的历史演变》,《时代法学》,2005年第3期。

11.龚向和:《社会权与自由权区别主流理论之批判》,《法律科学(西北政法学院学报)》,2005年第5期。

12.郭道晖:《人权的国家保障义务》,《河北法学》,2009年第8期。

13.韩大元:《国家人权保护义务与国家人权机构的功能》,《法学论坛》,2005年第6期。

14.何俊志、杨季星:《社会中心论、国家中心论与制度中心论——当代西方政治科学的视角转换》,《天津社会科学》,2003年第2期。

15.黄金荣:《权利理论中的经济和社会权利》,http://www.jus.cn/showarticle.asp?articleid=341,2007年10月24日。

16.惠毅、邓巍:《论国家权力与公民权利之关系》,《西北大学学报(哲学社会科学版)》,2007年第1期。

17.蒋银华:《两权博弈与国家义务论》,《宁夏社会科学》,2010年第5期。

18.蒋银华:《论国家义务的基本内涵》,《广州大学学报(社会科学版)》,2010年第5期。

19.蒋银华:《论国家义务的理论渊源:福利国家理论》,《河北法学》,2010年第10期。

20.李萍:《论"公民"概念的本质及其历史》,《吉首大学学报》,2002年第3期。

21.刘作翔:《权利冲突的几个问题》,《中国法学》,2002年第2期。

22.罗豪才、宋功德:《人权法的失衡与平衡》,《中国社会科学》,2011年第3期。

23.潘荣伟:《论公民社会权》,《法学》,2003年第4期。

24.沈岿:《因开放、反思而合法——探索中国公法变迁的规范性基础》,《中国社会科学》,2004年第4期。

25.沈宗灵:《权利、义务、权力》,《法学研究》,1998年第3期。

26.苏力:《从契约理论到社会契约理论——一种国家学说的知识考古学》,《中国社会科学》,1996年第3期。

27.王广辉、翟国强:《社会权初论》,《河南省政法干部管理学院学报》,2008年第3期。

28.王元华:《"后福利国家"时代对福利权利的辩护——评雷蒙·普兰特的社会权利观念》,《公共管理》,2006年第7期。

29.吴玉章:《亚里士多德论公民》,《读书》,2000年第11期。

30.夏宏:《哈贝马斯的基本权利重构理论》,《云南大学学报(社会科学版)》,2008年第4期。

31.徐显明:《人权的体系与分类》,《中国社会科学》,2000年第6期。

32.徐勇:《"回归国家"与现代国家的建构》,《东南学术》,2006年第4期。

33.杨华:《论社会权的双重价值属性》,《长春工业大学学报(社会科学版)》,2007年第6期。

34.姚建平:《福利国家的国家福利责任简析》,《理论与现代化》,2007年第5期。

35.于亮:《国家在经济、社会和文化权利方面的域外义务》,《法制与社会发展》,2016年第1期。

36.余勇：《道德权利和道德义务的相关性问题》，《哲学研究》，2000年第10期。

37.袁曙宏、韩春晖：《公法传统的历史进化与时代传承——兼及统一公法学的提出和主张》，《法学研究》，2009年第6期。

38.詹世友、李建华：《目的论下政治与伦理的统一——亚里士多德伦理政治观》，《中南工业大学学报》，2001年第3期。

39.张翔：《基本权利的受益权功能与国家的给付义务——从基本权利分析框架的革新开始》，《中国法学》，2006年第1期。

40.张龑：《论人权和基本权利的关系——以德国法和一般法学理论为背景》，《法学家》，2010年第6期。

41.郑秉文：《社会权利：现代福利国家模式的起源与诠释》，《山东大学学报（哲学社会科学版）》，2005年第2期。

42.郑贤君：《全球化对公民社会权保障趋势的影响——国家中心责任相非国家行为体过度的社会保障权》，《北京师范大学学报》，2002年第2期。

43.周毅：《个人美德与城邦治理——亚里士多德大政治观的现代意义》，《天水行政学院学报》，2001年第6期。

44.朱福惠：《从限权到控权——宪法功能发展研究》，《现代法学》，1999年第5期。

45.左传卫：《经济和社会权利保障的理想与现实》，《法商研究》，2004年第6期。

四、博士学位论文

1.樊凡：《现代国家的构建：消极自由主义国家理论研究》，吉林大学，2010年。

2.何志鹏：《人权国际化基本理论研究》，吉林大学，2004年。

3.牛建勋：《论基本权利保障中的国家义务》，内蒙古大学，2009年。

4.王艳霞：《福利国家的政治学分析——以公民资格为视角》，吉林大学，2004年。

5.王元华：《社会公民资格权利研究》，苏州大学，2006年。

6.王月萍:《公法现代化的一般研究——以国家权力的法制化进程为视角》,吉林大学,2005年。

7.夏正林:《社会权规范研究》,中国人民大学,2006年。

后　记

　　本书是在我博士毕业论文的基础上修改而成的，本书的完成也标志着我博士阶段学习的彻底结束。在整个论文的写作过程中得到了来自导师周光辉教授的指导，老师兢兢业业致力于政治学基本理论的研究，为我树立了榜样，为师门营造的学术氛围，给我的生活和学习提供了重要的帮助。感谢老师辛勤的付出，感谢同门对论文写作给予的帮助。

　　在博士学习阶段本人也同时在东北大学执教，东北大学文法学院为论文的写作提供了宽松的环境并给予了大量物质生活方面的保障，感谢文法学院各级领导对青年教师在学习和科研方面给予的支持。最后，本书能够出版也受到了东北大学文法学院的经费支持。希望在未来的工作中能取得更多的成绩，回馈给教育我的母校吉林大学行政学院和我热爱的工作单位东北大学文法学院。